Tyranny

of

the

moment

时间，快与慢

（挪威）托马斯·H·埃里克森 著
Thomas H. Eriksen
周云水 何小荣 译　房学嘉 作序

后浪出版公司

北京联合出版公司

Øyeblikkets tyranni. Rask og langsom tid i informasjonsalderen
by Thomas H. Eriksen
© 2001, H. Aschehoug & Co, Norway
This translation has been published with the financial support of NORLA
本书得到挪威海外学术推广机构的翻译资助。

致中国读者

本书讨论的内容与速度、压力和信息技术有关,写作的动机源自我个人的亲身经历。早在20世纪80年代,我就开始使用计算机。到1991年的时候,我在自己工作的奥斯陆大学,已经可以实现计算机的在线连接,一年之后就可以登录互联网。大约在同一时间,移动电话开始普及,几年之后,斯堪的纳维亚大部分人都有了一部以上的手机。计算机革命意味着生活更简单,而不是更复杂。我们本来期望文字处理软件和电子邮件能为自己节省时间。同样,我们期望自己得到的信息增多之后,就能变得消息灵通。

然而,这一切并未按照我们的意愿发生,尤其是我更没有如愿以偿。到20世纪90年代末期,就我个人而言,很明显信息革命产生了两个巨大的悖论:一是所有可能节省时间的技术,产生的结果都与人们的预期恰恰相反,而且与以前相比,我们感觉时间越来越少,压力却越来越大;二是到处都能得到的信息不仅没有让我们见多识广,反倒令我们更加茫然无措。

我感觉很有必要好好理解目前发生的一切,特别是信息革命带来的不可预料的后果。这就是我坐下来写作本书的缘由。

很快我就发现,信息革命促使各种与通信有关的事物都在发生巨大的变化,从广义上来讲,从航空运输到电子邮件、印刷品和越洋电话,无不在快速地发展。在一些领域,这种增长呈现指数级发展。一切事情都比以前更快了。我们之前能够看到的各种空当和空隙,逐渐被零碎的信息、任务和活动填满。慢速的时间正在变成一种稀缺的资源!

本书第一版以挪威文出版10年来,世界仍在快节奏地发展。10年前的短信已经很少有人再用。今天,每个人一天要发送很多条短信。所谓的 Web2.0①——用于通信而不是提供资讯的互联网——至今仍未出现。Facebook、Twitter、YouTube 和 MySpace 是最近的发明，不在本书的讨论之列。目前，写博客的人已经很少了，每十七个挪威人中只有一个人还在坚持写博客，我就是这十七分之一。

本书的观点不是要我们返回计算机出现之前的世界，也不是要我们恢复使用手写的书信而不使用电子邮件。然而，我的确相信我们的生活有必要更慢一些，用更多时间专心思考，并按照我们自己的节奏做事情。当任何事情都在快速推进时，一定会失去一些重要的事情。

非常高兴看到本书的中译本面世，本人深感荣幸之至。西方社会的每一个人都注意到，多年来中国在经济和技术上取得了令人钦佩的进步，中国正在向超级经济大国的地位迈进。当然，中国在这个过程中，也会与西方国家一样，面对许许多多的挑战——污染、环境退化、压力和"专横的时间"。尽管在本书所谈及的许多问题上，中国与西方社会之间会有差别，但也有很多相似性。尤其重要的是，东西方社会都要面对本书中讨论的难题。

因此，我期盼中国的读者能通过阅读本书，找到与中国相关的问题，就像西方国家的读者一样，清醒地看到技术革命给人类带来的本质后果。最后，我要感谢几位优秀的译者，特别是现在嘉应学院客家研究院工作的周云水博士，他为本书作翻译甚是劳苦，还要感谢诸位编辑老师，他们为本书中译本的面世，付出了辛勤的汗水，谨向他们表示衷心的感谢！

托马斯·H·埃里克森
2011 年夏季
挪威奥斯陆

---

① Web2.0 是一种新的互联网方式，通过网络应用促进网络上人与人之间的信息交换和协同合作。典型的 Web 2.0 站点有：网络社区、网络应用程序、社交网站、博客、Wiki 等等。Web 2.0 中出现的数据联合和消息传送能力，提出了一种潜在的可能性——在完全不同的在线社区之间创建一个更加紧密的社会构造，同时还出现了一些新的术语来代表这些共同的社团。——译者

推荐序

近日，云水君送来他的译著，是挪威奥斯陆大学社会人类学教授埃里克森的经典之作。译稿只有15万字，按理几天就可读完，但因案牍劳形，很难腾出清净的时间。赶上周末赋闲，仔细品味作者对时间的看法，甚是感同身受。我对人类学理论的研究，只能算是半道出家，但耐不过年轻人执著的学术追求，只好结合多年来个人对客家社会与文化的研究心得，谈些自己的看法。

一、关于时间的哲学认识

人类对自然的认识总是从自己的切身经验开始的。一切自然现象都在运动和变化之中，"过程"的流逝是一切自然现象和人类活动的基本特征。盘古开天地、耶稣创世纪，都代表计时的开始。人类从"过程"的流逝中又抽象出了时间概念。古人很早就注意到，一切周期变化的过程都可以用来作为时间的测量单位。古人观察到的最简单的周期变化有日出日落、月圆月缺，有四季的周期变化。于是测量时间的计时单位日、月、年也就产生了。

不同的民族，不同的文化，都有一套属于自己的历法和历法时间。中国传统的历法把60年定为一个甲子。西方中世纪之后的历法则把100年叫做一个世纪。古今中外为了计时的准确，还进一步把每日划分为若干时辰或小时。在中国传统的计量时间观念中，把一日划分为12个时辰；在西方传统的计量时间观念中，则将一天划分为24个小时。在小时之下，又划分出分、秒、毫秒和微秒等等。

也许古人从泉水滴漏中得到了启示，于是古人又创造了滴漏计时器，时间的计时单位一下子缩短到了一滴水滴下的过程，这就接近今天的分与秒了。在古人眼中，"钟"是相同的，测量结果也应一样，要不"钟"的发明就没有意义了。古人认为事物具体"过程"的长短也是固定不变的，或者用今天的话说，古人在日常经验中看不出"时间"与物体"运动状态"有什么联系。

　　古人对时间的认识还有另一个重要特点，那就是时间的单向性。人死了不能复生，这表明事物在发展演变中，其过程都是不可逆的。过程的不可逆，带来了时间认识上的单向性。时间的发展方向总是从过去流向未来的。时间是被量度的对象形式，时间计量尺度的本质是生命。离开生命与生命对宇宙过程的相对性关联，所谓时间，根本不成立。时间的本质就是宇宙和生命的量度关系，也是宇宙和人的关系法则，时间不仅按相对论与空间、运动不可分割，而且和人与宇宙的关联是直接同构的。时间的起点，永远是由宇宙过程被生命量度的计时时刻派生的，这正是所谓时间相对性的终极意义所在。时间是生命人量度一切宇宙过程的生命量纲，是生命对宇宙过程对象性的量度，它的本质是量度，不是物自体的自秉。宇宙中唯一自足自洽的时间指针就是生命，与其说时间决定一切，不如说一切都只有在时间形式上才能被定性、定量、定义。

　　西方哲学史对于时间的定义一直争议不断。黑格尔从主观的角度谈时间，认为"大家可以从时间的肯定意义上说，只有现在存在，这之前和这之后都不存在。"[①]黑格尔认为事物的现在不同于它们的过去及未来，并由此否认过去事物及未来事物的客观存在。古希腊的亚里士多德认为"所有的时间的段落都是无限可分的"，[②]如果对一时间段落进行不断分割，最终会达到一个不可分割的极限，这就是瞬间。神学家奥古斯丁也从瞬间和片段的角度去思考这个问题。他指出："过去事物的现在是回忆，现在事物的现在是视觉，未来事物的现在是期望。"[③]西方哲学描述的时间，是指一种"真实的存在"，是一种主观的表象。这种时间是单线进化过程，时间包含回忆、现在和未来，因此成了一个截面。

　　中国传统的时间观认为时间是一个循环的过程，应该从轮回和整体的角度来把握时间。"原始反终，故知生死之说。"[④]就是把事物的客观存

[①] 黑格尔：《自然哲学》，第51-54页，北京：商务印书馆，1980。
[②] 亚里士多德：《物理学》，第122页，北京：商务印书馆，1982。
[③] 奥古斯丁：《忏悔录》，周士良译，北京：商务印书馆，1994。
[④] 选自《易经》。

在理解为从生到死的轮回，若要认识事物的存在，就要考察它从始至终的整个过程。《墨子·经说下》记载："远近，修也；先后，久也。民行修必以久。"意思是走完一段路程就要经历一段时间，路程越长，所经历的时间也越长。老子认为提出了"周而复始"的命题，认为时间之流总是循环往复没有止境。《墨子·经说上》认为："久，合古今旦暮。"显然，时间成了从古到今、从早到暮这样一个延续的过程。

牛顿也把时间从物质演变过程中抽象出来，变成既脱离空间、也脱离物质的任意流逝的客观物。在牛顿第二定律中，给定初始条件，我们既可知道物体的现在，又可以知道物体的未来，还可以知道物体的过去。时间没有起点，于是时间的单向性也由相对性取代了。但是，牛顿力学的时间可逆性，并不意味着在牛顿力学体系中人可以死而复生，而是意味着时间的前后是无穷的，既可流向未来也可推测过去。时间的流向在牛顿第二定律计算推测中是可逆的。这就是时间流向的相对性。牛顿认为："绝对的、纯粹的数学时间，就其本身和本性来说，均匀地流逝而与任何外在的情况无关。"牛顿力学中的时间绝对性可以用"同时性"的绝对性来加以说明。

所谓同时，就是两事件同时发生（时间间隔为零）之意。比如，某甲在武汉于北京时间早晨6点钟起床，某乙在广州也是北京时间早晨六点钟起床，那么我们立即得出结论，甲乙两人"同时"于早晨6点钟起床。我们总认为"同时"这个概念是绝对的，不管对静止的坐标系地球，还是对运动的坐标系宇宙飞船都是如此。其实这个习惯并不完全正确。上述两人"同时"起床这件事，对于地球上使用标准的北京时间来说是同时的，但对于宇宙中高速运动的飞船上的观察者，用它的钟来观察这个"同时"发生的事件却发现，这两个人并不同时起床。相对论中同时性是相对的，它取决于选用哪一个参考系，或者说相对论中时间间隔是相对的。当参考系变化时，同时的事件可能变得不同步，不同时的事件可能变得同步。可见，相对论与牛顿力学相比，又挖掘出了一个同时性的相对性，或者说又挖掘出了一个时间间隔的相对性。

众所周知，马克思的哲学革命变革是在唯物主义基础上发生的，他把唯物主义从传统的唯物质形态推进到唯实践的形态，创立了实践的唯物主义。在这个过程中，时间作为物质存在基本形式的表述，也随之转化为对人类实践活动的持续和规模的哲学表达。马克思以前的时间观都是本体论思维方式的产物，是适应"解释世界"的需要，为说明世界的终极本原或本体的属性或存在方式而出现的。这种时间观最突出的特点是它与本体或本原相一致，是彻底脱离人和人的生活实践的，仅仅是对世界终极存在或"世界图式"的一种追寻。马克思彻底扬弃了本体论思维方式，不去追寻世界的终极本原，而是赋予世界以属人性质，使世界向人和人的生活现实回归。

在马克思看来，现实的而不是虚玄的世界乃是人生活的世界，世界的奥秘首先在于人，"被抽象孤立理解的、被固定为与人分离的自然界，对人说来也是无"。[①]把世界归结为人，使世界和自然人化，是马克思哲学革命变革的第一层次。马克思用实践超越了抽象的物质或自然，确立了实践活动的世界基础地位，原来作为物质存在基本形式的时间也就必然相应地向实践转移。经过马克思的哲学革命变革，时间已不局限于与物质相联结，为物质而存在，只表征物质存在的持续性和广延性。相反，时间与实践活动相关联，为实践而存在，用以表征实践活动的规模大小和持续的长短。

因此，对马克思来说，时间既是他一贯认同的物质存在的基本形式，更是人类实践活动的基本形式，它表明实践活动的持续和广延特性。这样，先前唯物主义时间观的一个致命缺点，即离开人和人的实践来谈论时间就被彻底克服了，传统时间观的抽象性及由本体论思维方式所加诸的一切弊病也就都被扬弃了。实践活动成为时间的载体，上升为时间观中的核心概念。

古代哲人赫拉克利特说"你不能两次走进同一条河流中去"，正是揭示事物不停变化的本质。而各种变化尽管各具特征，但它们都有一个根本的相同点，这就是随时间以一定的速率而变。时间是变的最高抽象，这也反映在文化差异中。

二、中西时间观的文化差异

在西方文化中，时间是一种可以人为地进行切分或组合的具有实体性的东西。在英语中，time可与这么一些动词搭配：buy（买）、sell（卖），

[①]《马克思恩格斯全集》，第42卷，第128—178页，北京：人民出版社，1979。

save（省）、spend（花）、waste（浪费）、lose（失去）、make up（补偿）、measure（计量）等（郑立信等，1993：101）。英美人习惯于一个单位时间内只做一件事，因此特讲究计划的周密性。英美学校一个学年快结束时，可能已将下一学年的每月、每周，甚至每天该做的事编排好了。

社交活动中，提前预约被视作必要的礼貌行为。the last minute notice（最后一刻的通知）会引起人的反感，因为这最后一刻通知，一是使人措手不及，会打乱原有计划，二是让人觉得你本来是邀请别人（假如是请人赴宴），只是最后一刻才临时改变主意，随便找个人来填补空缺。

讲究计划的人最不喜欢做事落后于计划，所以英语中有关"准时"或"及时"的词语比比皆是，比如 punctual, on schedule, on time, on the minute, to the minute, on the hour, at the appointed time, at the stated time, in time, in good time, timely, well-timed, perfect timing 等。与英美人打交道，守时至关重要：如果你在美国念书，不按时交付作业，教授可能因此降低你的作业分数，甚至拒绝批改你的作业；与外商打交道，能否遵守期限，更为重要，因为它关系到团体或个人的信誉与利益，有时还牵涉到法律责任。

习惯于一元时间制的人，虽然讲究计划性，但对"长计划"的"长"与多元时间制的人理解不尽相同。对美国人来说，"长时间"可以指两天，也可以是10年到20年不等。美国人拟定计划时注重计划能在较短的时间内见效，他们心目中的"将来"往往是指在不久的将来，一年的计划往往要具体落实到每月、每周，甚至每日的收效。短时间内不能产生既定效果的计划，在美国人看来，便是一种失败的计划，因为美国人的观念是绝不做无效的劳动。

当代中国大陆文化似乎介于一元时间制与多元时间制之间，大城市的生活节奏似乎正处于多元时间制向一元时间制的过渡阶段。像美国人那样，按一元时间制办事的例子不必重述。多元时间制的生活与工作习惯亦很普遍：不提前预约，随便串门，打乱别人的生活秩序；赴约迟到或失约还不以为然；众人谈话，争先恐后，七嘴八舌，打断别人的话；边工作边聊天；大堆人围着一个医生等着就诊；买东西你推我搡，不按先来后到的顺序排队；不断地更改既定计划，一时一个样。这些行为并不一定是人们有意使坏，而是长期以来养成的多元时间制的习惯。但是，这种习惯在跨文化交际中还可能导致矛盾和冲突。

一元时间制富有效率，但有时显得过于呆板，缺少灵活性；多元时间制虽有人情味，容易对人对事进行变通（比如走后门），但也给人们带来不少烦恼。一元时间制是工业化的必然产物，多元时间制是传统农业社会的遗产。在传统以农为主的群体里，时间不值钱，人们可以边劳动，边歌唱，边聊天。可在工业化程度如此之高的欧美国家，人们行色匆匆（always on the run），即使熟人在街上相遇，也只能是匆匆相互致意，很少会停下来长时间交谈，因为手里的一件事若被耽搁一会儿，接下来的其他事就要受影响，就像流水线作业，一道环节出问题，马上会引起连锁反应，这就是一元时间制的"机械性"特点。

人类学研究向来注重强调从局部理解"整体性"，并善于将边缘地区的文化研究作为理解一个大的文化和社会研究的基础，也就是常说具有从局部理解整体的方法。每个文化的知识体系，都由一些基本的文化概念，包括人、时间、空间、物、数字、因果等所建构、发展出来的。不同性质的文化概念，不但呈现了各自文化的特色，更反映了其成员对世界的不同认识方式。

埃文斯-普理查德指出："那些非常明显地决定季节的特征，就是那些控制着人们的迁移活动的特征，水、植被、鱼的洄游等等；正是牛的需要以及食物供应的变化主要把生态节奏变成一年的社会节奏，而雨季高峰和旱季高峰生活模式的对照，也是他们生存的关键。"[1]黄应贵认为："时间不只是表现当地人对自然韵律与节奏的一种理解，也是当地人活动的指标而为其社会生活的节奏与韵律所在。"[2]以农耕为主的族群对于时间的理解，完全取决于与农业生产有关的事项。

20世纪70年代以前，居住在粤东山区的客家人，尚没有固定和精确的时间概念，尤其在偏僻的小山村，更是如此。村民以水稻的播种、疏苗、除草、收割等农事活动的循环，作为一年的周期，在围龙屋里安排宗族的祭祀活动。改革开放后，青年人陆续外出到沿海地区打工，通过辛勤劳动

---

[1] 埃文斯—普里查德：《努尔人——对尼罗河畔一个人群的生活方式和政治制度的描述》，褚建芳等译，第112-124页，北京：华夏出版社，2002。
[2] 黄应贵：《时间、历史与记忆》，《广西民族学院学报》（哲学社会科学版），2002年第5期。

挣回大笔现金，修建新式的钢筋混凝土建筑。客家人的时间观念随着信息社会的到来，已经发生了相当大的变化。

三、信息社会的时间观

以电子计算机为中心的网络化和数字化的信息革命，迅速地把世界推到全球化和信息化的新时代。这个时代的最大特点是高速化，与从前相比，一切都处在快速运转中。交通便利快捷，信息传递神速，计算快速简单，生活节奏加快。这一切都诱发时间的变化，并导致新时间观念的萌生。

如果我们把时间由物质存在的基本形式提升为世界事物的基本形式，那么在当今全球化和信息化高速运转的背景下，时间观所揭示的本质发生了深刻的变化。首先是空间随时间改变率的降低而缩小，人类正深切地感受到他们赖以生存和活动的地球空间已经变得越来越小，成为一个名副其实的地球村。

在规模效应的作用下，人类从来都没有像今天这样感到空间规模的缺乏和宝贵：地大物博不存在了，土地稀少，资源奇缺，海洋和地球空间争夺激烈，人和动物也在争夺生存空间。万里之遥，瞬间通话，洲际之隔，半日即可到达，今日的世界犹如一台计算机，在股掌方寸之中，人生的斗争拼搏犹如棋盘上的博弈。

其次是单位时间效率大增，"山中方七日，世上已千年"和"一天等于二十年"的时代正在到来。高速意味着效率，而效率就意味着时间的节省，能在较少的时间内做出最大的效益。如果时间过得很快，转眼间，耗费了很多时间，其效率自然低下。只有时间过得慢，用较少的时间间隔产生出相当于"二十年"、"几千年"的效益才能体现出高速的意义。所以，速度快的价值，通过效益竞争、寿命延长、生产流程加速、策划研发、推销等非生产要素的增加等直接或间接地反映出来。时间弥足珍贵，一分一秒都必须充分发挥其效益，倏忽之间，无所事事的时代已经成为过去。

全球化信息化所带来的时间变化正在多方面地影响着人类的生活，给传统的生活习俗、节律带来极大的冲击和挑战。

首先，空间相应变小使人们交往的机会增多，交往越来越超出民族或地域的狭小范围，而趋向国际化，马克思的世界历史思想将在更大的程度上得到验证和充实。交往的增多使竞争日趋激烈，国外的商品、资本都会冲击本国市场，行业垄断逐渐被打破，在人们密切交往的同时，摩擦纷争也会增多，交往的诚信受到考验，法律和道德的救助越来越成为必需。

其次，空间对应变小将使世界越来越拥挤和嘈杂，为了摆脱由此带来的烦躁，地球将面临更深度的开发。一方面城市扩大，土地减少，耕地、林地、草地面积不断锐减；另一方面，地铁增多，高层建筑林立，海洋的进一步开发也提到议事日程上。所有这一切都是为了使人们拥有一份属于自己的相对宽裕的自由空间，以求得安逸和清静。人类的这种本性和需求是难以遏止的，所以，土地、空间、海洋的竞争永无终结，由此将大大改变地球的面貌，加剧生态危机。同时也会从反面激起一部分人的出世情怀，他们厌倦交往，逃避斗争，过分迷恋计算机，在虚拟的场景中讨生活，以满足自己对空间的需求感。

第三，空间对应变小将会导致与空间相关联的产品价格高昂，从而影响人们的消费结构和消费心理。土地是人类生存之母，房屋、道路和农产品都是土地的产物，直接关系着人类的衣食住行，粮食可以通过科技革命，大幅度提高单产来平衡粮价，而房屋和道路所占据的土地则是不可再生的，只能越用越少，这就不能不使房屋和道路的价格总趋势绝对升高。比较起来，道路尚有海洋、空间、地下可用来分流，而房屋价格最容易长期居高不下，占据人们消费支出的主要部分。人们几乎用一辈子的努力来解决住房问题，这就说明，人们虽不明了空间的哲理，但生活的现实已使他们确信，拥有自己的一块空间该是多么重要。

第四，时间问题在历史上从来没有像今天这样重要而迫切。人类作为智慧动物，在实践活动中凭借自发本能都会意识到时间的重要性。在计划经济时代，工厂的规模大小，工人人数的多少，浪费程度多大，往往不予计算或者算不出来，因此出现许多规模过大、效益不高的超级大厂。"文革"及"文革"以前搞全国规模的政治运动或生产运动成风，规模过大、时间过长，忽视投入、产出的关系，还出现"停产闹革命"、"停课闹革命"的荒唐事。"大跃进"遍地开花的大炼钢铁的小铁炉，后来允许兴建的大量小煤矿、小金矿等又是规模过小，技术落后，不断出现安全事故。这些都值得我们引以为训。

第五，时间改变率加快昭示我们应百倍地珍爱时间。时间变快对人的实践活动来说是间接的感受，主要是与从前相比照。过去，在那种悠闲的生活状态下，时光不知不觉一晃而过，与此同时，成就鲜有，常有光阴似箭的虚度感。而当代，时间的含金量极高，每一时刻都联结着巨大的效益，乘飞机可以一小时就飞到千里之外，一部复杂的计算机和汽车可以在几分钟之内组装起来。所以现代时间十分珍贵，都是一秒一秒数着过去的。时间变快意味着效率的提高和由此带来的物质文明、政治文明和精神文明的改善，人们会产生一种仔细品味生活，充分享受生活的时代认同感。寿命成倍地延长，生活水平大幅度提高，过去为温饱而奔波的危机感消失了，电视、上网、锻炼、旅游等众多享受生活的项目被开发出来。这一切都有一个背后的潜台词：时间在变快，效率在提高，寿命在增长，生活在变好。因此，必须百倍地珍爱生命，充分地享受生活，这是时代的昭示，也是当代人面临的新课题，我们要从时间观的演变上确立这种哲学的自觉。

房学嘉

（房学嘉，教授、硕士生导师，现任中国人类学民族学研究会客家学专业委员会主任。）

目 录

致中国读者 1
推荐序 3
前 言 15

第一章　警惕空隙…………………………………………… 1
第二章　互联网的神来之笔：信息文化与资讯崇拜………… 9
  2.1　21世纪始于1991年 12
  2.2　互联网的神来之笔 14
  2.3　养猪都要信息技术 17
  2.4　得不到信息才稀奇 19
  2.5　消除差异的快节奏 22
  2.6　21世纪的自由等于脆弱 27
  2.7　文化马赛克时代 30

第三章　印刷机才是灾难起源：书本、时钟和货币的时代……… 33
  3.1　写在白纸上的文明拐点 36
  3.2　刻在表盘上的时间片段 40
  3.3　藏在钱夹里的抽象社会 42
  3.4　标在五线谱上的乐曲声音 43
  3.5　印刷机里的信息蔓延 45
  3.6　流水线上的产品模板 46
  3.7　发展的标尺 47

第四章　速度是种传染病…………………………………… 49
  4.1　风驰电掣的历史 53

4.2　令人上瘾的速度　59
　　4.3　要速度，越简单越好　61
　　4.4　要速度，流水作业是必须　62
　　4.5　要速度，只能糙　65
　　4.6　要速度，信息全打包　68
　　4.7　速度是种传染病　70
　　4.8　越想省时，越是费时　71
　　4.9　技术变革的结果你hold不住　73

第五章　等你发现就晚了：指数级增长……………………77
　　5.1　象棋盘里的麦粒陷阱　79
　　5.2　指数增长的欺骗性前奏　82
　　5.3　指数增长的魔术式拐点　85
　　5.4　所有的一切都在增加　90
　　5.5　网络空间的爆炸式扩张　96
　　5.6　指数增长末端的时间无穷短　99

第六章　信息的俄罗斯方块：堆垛……………………… 101
　　6.1　肥皂剧中的文化变迁　103
　　6.2　徒劳的信息过滤器　105
　　6.3　MP3式的网络发展　107
　　6.4　信息片段取代了整体　108
　　6.5　垂直堆垛　109
　　6.6　信息世界的报酬递减法则　113
　　6.7　被腰斩的连续性　116

第七章　睡觉都可以工作：乐高积木综合征……………… 119
　　7.1　"弹性"工作的假象　124
　　7.2　"金表时代"的远去　127
　　7.3　专横的时间中的家庭生活　130

7.4　谁都想做年轻人　132
　　7.5　消费的堆垛　134
　　7.6　效率的罗生门　138
　　7.7　空间污染　139
　　7.8　节省的时间堵路上了　139

第八章　闲逛是一种美德：慢速时间的乐趣…………………… 143
　　8.1　预设你的慢速世界　151
　　8.2　闲逛也是一种美德　152
　　8.3　保护你的慢速时间　153
　　8.4　让社会慢下来　158

延伸阅读　162
参考文献　167
译后记　170
出版后记　173

前　言

　　这本书的构思源于一种不安的感觉，多年以来这种情绪不断滋长，在我的心里一直挥之不去。这种含糊的不安间接告诉我，有些事情可能会越来越糟糕。最近的20年见证了各种各样省时技术的迅速发展，从高级的多功能时间管理人员到电子邮件、语音信箱、移动电话和文字处理软件，过去我们从未像现在这样缺乏空闲的时间。我们似乎不知不觉地成了科技的奴隶，而我们本来是想用科技来获得自由。信息革命使人们获得信息的渠道成倍地增长，影响了全世界几十亿人，当然也包括每一个读到这一行文字的人。我们享受或承受的信息量，在前一代人那里是不敢想象的。然而，宽泛得令人惊讶的信息渠道，或者说完全自由获取的信息，并没有让人们变得更加明智，恰恰相反，人们越来越困惑。

　　这种双重的悖论伴随着改变了表面效率和创造力的令人不安的怀疑，实际上适得其反，这恰是本文讨论的出发点。有一种很强烈的预警，表明我们将要创造一种社会，在其中几乎不可能提出稍微长期的想法。细小的碎片和信息的线头，弥漫于间隙之中，侵入知识的连贯体，并使其分裂，逐步替换有点老旧、庞杂和萧条的事物。50岁以上的人，很难在劳动力市场上找到工作，除非他们假冒成年轻有活力、思想开朗又灵活的人。前一周的时尚很快就会无可救药地变成过时品，凡此等等。我不是一个浪漫主义者，也非一名勒德分子（Luddite）[①]，如同其他任何人一样，我没有耐性等待一个像样的公司为我提供超速、便宜和稳定的网络连接——但也不可能为当前的潮流喝彩，这种潮流转型速度极快，正在朝向一个万事皆休的社会转变。

　　1999年，我暂时放下挪威奥斯陆大学的工作，开始外出休假。出于某

[①] 勒德分子在19世纪英国纺织技术工业化时，破坏因为工业革命而改变的织布机，他们认为是这些机器让他们失去工作，改变了他们的生活。现在引申为反对机械化和自动化的人。——编者

些原因，我未能开展很多的研究，但我的确很勤奋地工作，这让桌面异乎寻常地杂乱——到处堆满了论文、校订稿、报告和电子邮件稿等等。无论我何时清理好桌面之后到走道上取一杯咖啡，在我再次回到房间打开房门时，混乱的景象又会重新出现。我没有别的选择，只能冷静地坐下来，分析完全无法继续工作和减缓主要计划的原因。最后，我以自己为何不能完成研究工作为题，做了一项研究。最简单的原因是，总会有许多其他的细小任务要完成，以至于我永远也不能持续地推进缓慢而繁琐的学术研究工作。认识到这一点之后，我就开始写作本书，最终呈现为目前的模样，暴露并批评了信息科技带来的某些不可预料的后果。单单看本书的标题，很容易使人陷入文化保守主义或者文化悲观主义的情绪之中。这自然远离了我的初衷。在我先前出版的著作中（其中大部分还未被斯堪的纳维亚半岛之外的人所知），我尚持世界主义和反民族主义的政治激进观点：我深信文化与政治全球主义最终会导致真正的全球人道主义，同时也相信新的工作——这对于信息社会来讲是典型的工作方式——将会改进在工业社会中占主导的苦差事和严格的等级制度。换句话说，本书不是要表达对一种没有互联网的社会的渴望，对生锈的工厂铁门的怀旧式渴望，对农业生活的向往，或"停下一切，让我远离世界"的其他各种观念。本书的目标不是、也不可能是废止信息社会，而是要让人们理解它所带来的不可预料的后果。

信息社会的加速特征拥有一段很长的历史背景，伴随时间呈现出强有力的回响混合。它直接与电报机和蒸汽机有关，并不断影响我们生活的各个方面——从家庭、思维方式到工作、政治和消费。可以使用几千种方式描述它，而且至少要几千页纸才够用。我在这本书中处理这一话题的动机涵盖了作区分的可能性——简言之，我的目标是对我们不经意创造的社会进行批判性反思。过去几年来，我一直在谈论时间、技术和人类生活的关系，其中融合了听众对此的反应。在IT部门或其他行业工作的人们，包括记者和官员，往往对我所描述的加速与匆忙深有同感，并承认他们在工作日中满负荷运转，闲暇时间被切断，无法按计划进行一个稳定周期的工作，这反过来影响到他们的家庭生活等等。而其他人则没有这么大的热情。在我小孩就读的幼儿园里，明智的管理人员对于她的职员以及其他类似行业中的人不可能减少他们的工作速度和压力水平的提法表示反对。地方政治家和非政府组织（NGO）的代表对于我那相当仓促和充满事实的谈话，给出的反应是"听你讲话是一种享受"——我已经习惯了这种具有嘲讽性的奉承，所以一直在等待"但是"后面的句子——"但是仅仅是你们自己这一类的少部分人，活动水平才会反常的高"。这难道不是难以回答的反驳么？事实上并非真的如此。就像本书所呈现的那样，这个话题与我们大家都有密切的关系。

  本书首版于 2001 年春季，由阿斯切荷格出版社（H. Aschehoug）以挪威文发行。在准备英文版期间，我曾经考虑尽力去除本书内明显源自斯堪的纳维亚的痕迹，转而使用英美人士喜欢的案例予以代替，但很快我就想到了更好的路子。我选择妥协与折中，替换掉一些对上下文没有意义的斯堪的纳维亚的案例，避免让读者一味地陷入游记式写作。我邀请英语世界的读者朋友，一起来看看挪威奥斯陆的全球化状况，只此一次应该无碍大局。问题是普遍的，或许曼哈顿的视角并不比奥斯陆的视角更广阔。

托马斯·H·埃里克森于奥斯陆
2001 年冬

第一章

警惕空隙

早上

8:21，在奥斯陆街头，浏览《挪威邮报》第一版，上面仅印了一幅图片，是人们正在等待交通信号灯的转变。半页的广告用了一行标语"观看挪威最快的电视节目"吸引读者，然后是谢谢。

8:35，在小卖部买了一份小报，可以在等电梯时阅读。

8:43，进到办公室。打开计算机。自昨天下午到现在，总共收到21封电子邮件。我将外套挂在衣帽钩上，然后去取了一杯咖啡。

8:48，期望能开始写作。但才开始就不得不接了几通电话，并在互联网上核对些东西。

8:53，我没找到有用的信息。只好开始回复邮件。

9:03，以一种极其少有的真实反思，理解这些不得已的事情。然后关掉计算机，拔掉电话线，开始使用手写笔做记录。

但是，这次我不得不承认表达欠妥。无论如何已是最后的条目。除了一开始用掌上计算机和几片碎纸记录的涂鸦之外，这本书几乎完全是在文字处理机上完成的。与那些将计算机键盘作为第四个指关节的人一样，让我用手写一张比明信片更重要的东西，就会是个大问题。实际上，从那些令我感到愉快的网友那里和曾经谈话的电子记录中，我得到了许多主要观点和关键词。然后，我开始修订整理一系列的短篇随笔，同时为了书的体裁需要，尽量使其整体上具有不同的轮廓。这些初稿的内容，几经令人沮丧的放弃、重拾、砍削、粘贴和增删，逐渐呈现出线性发展的雏形，当然这个过程太过漫长，以至于很难控制（就我而言，最多能顺畅地写出30页，列出12个要点，也就8万字左右）。我起初将其分成7个独立的部分，每一部分作为一个主要的章节。一开始我写出了第3章的初稿，然后再写了第2章。然而，我很快就感觉陷入了困境，第2章读起来怪怪的，就像一个巨兽,有 3 个头却没有尾巴,只好转而写作第 5 章的中间部分。在写作时,我不时会插入关键词,并把注意力分散到其他打开的文档中。直到出版社截止交稿日期来临,整本稿子还有脱漏的标点、残缺的段落、需要补充的参考文献,以及标注的问题和不完整的句子。

  过去,文本的草稿与最终稿之间存在严格的区分。作者本人在誊抄稿件时,需要明白自己的前进方向,而不用关心稿子的写作风格。比较理想的情形是,作者自己在动笔写第一个句子时,就有一个长而连贯的推理链,或者在脑海中有一幅设计好的蓝图。文本初稿写完之后,需要一个专业的打字员。但现在已经不是前面所讲的那样了。如今,写作者往往是协同工作,各种事情交杂在一起,有奇思妙想和无意识的念头,文本的结构也会在写作过程中发生变动,这犹如在海中重新建造船只。文字处理对我们的思想和写作所产生的影响,或许会超过我们所关注的其他事物,但确切地来说,还没有人系统审视过它如何影响我们处理信息的方式。例如,就像马克思这样的天才,在写资本论时,要是有文字处理软件,恐怕就不会出现或长或短、或简单或复杂的凌乱文本。我想,他的文稿可能会更加整洁,不会那样的复杂,其长度至少会增加 25%。由于文字处理和支持思考及写作的方式,组成《资本论》的章节和书目看起来更像互相摞在一起的砖块,而不是互相连接并深度贯穿论证的有机联系。

  本书讨论时间与科技以及科技影响人类当代生活的方式。这似乎是一个很大的哲学问题,需要用极大的敬意向康德、柏格森和海德格尔鞠躬膜拜。然而,最近这些问题已经进入人们的日常生活,表明它们行将迈过我们的门槛。在 20 世纪 90 年代后半段,这一新的时代已经开启,后面的章节会讨论这一问题。因此,需要采用一种具体并更具常识性的方式看待这些问题。

  本书的核心主张是,当今时代大量无阻碍流动的信息,将要填满所有的缝隙,其结果是任何事情都可能成为一系列歇斯底里的饱和时刻,没有"前后彼此"之分。实际上,由于下一个时刻很快来临,"此时此地"已经受到威胁,以至于活在当下已经很难。这种极度匆忙的结果势不可挡,作为心理范畴的"过去"和"将来",已经受到专横的时间的威胁。当今是计算机、互联网、通信卫星、多频道电视、短消息、电子邮件、掌上计算机和电子商务的时代。无论何时，只要一方处于发送状态，最稀缺的资源是其他各方的注意力。当某方成为接受者时，最稀缺的资源是迟缓而持续的时间。这里存在着当代社会的张力。

请允许我举个这样的例子：当我还是孩童时，我属于儿童这个亚文化群，对于太空旅行和恐龙充满强烈的好奇心。到了青春期末尾，我才明白现代社会有数千万的孩子，处境几乎与我一模一样：他们厌倦学校刻板的作息时间，在体育运动中往往低于平均水平，很容易受到各种逃离现实的虚构形式的诱惑，常常花费整天的时间，想象中世纪奢华社会中的武士，最近则幻想在仙女座星系或月亮上创立殖民地，抑或关注其他神秘宇宙的自然科技。

面向这类青少年的通俗科幻小说，往往描绘两个互补的未来。其中之一在20世纪80年代中期突然被取消。1986年1月，"挑战者号"航天飞机爆炸，全体机组人员罹难，一个时代就此结束——同样，一个可能的未来突然间变得完全不可能：太空时代彻底流产。今日，距离"阿波罗4号"载人飞船登月已经三十多年，然而登上火星却成了未来更遥远的事（如果真会发生的话），比1969年那个令人难忘的夏季所预期的遥远得多——在那个夏天宇航员尼尔·阿姆斯特朗第一个登上了月球。

我们设想的另一个未来是计算机时代。对于那些在20世纪六七十年代中成长起来的人，计算机似乎比太空时代更加遥远抽象。较之于第一代虚拟地址扩展器，我们对亚瑟王、弗罗多和雷克斯霸王龙会多几分友好的态度。当时，计算机甚至难得一见，但我们知道它是巨型机器，有很多错综复杂的线路和闪烁的灯泡，还需要安放在宽阔、无菌的空调房里，一些工程技术人员各司其职，连续供应的打孔卡片和纸带不断运行。几年前，国际商用机器公司（IBM）的市场总监说了一句不朽的话语，他认为世界总共只需要10台计算机。

从20世纪70年代开始，苹果、金宝多和施乐等品牌的微型计算机开始出现在消费市场。1981年，IBM制造的个人计算机开启了一个主战场，其目标是非计算机痴迷者市场，仅仅3年之后，苹果公司开发了第一代苹果机，装备了鼠标和图形界面，这两者后来被微软公司（以及包括阿姆斯查德在内的其他公司）复制。目前大部分个人计算机的显示器与第一代苹果机的桌面极为相似。当 IBM 生产出第一台计算机突然袭击市场时，计算机专家认为几年之内每个办公室将有一台计算机，甚至许多家庭也会有一台计算机。当时许多人对此摇头质疑。数年之后，果真每一个办公室都有了计算机，许多家庭也有了个人计算机。

大约个人计算机出现 10 年之后，互联网有了重要的突破。就像我所写的那样，另一个 10 年已经过去，今日可以很容易看出在这两个互相补充的未来中，如果其中之一从未传递它的东西，另一个总会报复：它来得更快，带来的后果更多，超出 20 年前任何人的想象。

这不是一本关于计算机的书籍。这与即将到来的问题远非毫不相关，但是谴责科技本身，一样无济于事。本书讨论信息社会以及它带来的社会文化的奇怪副作用，其中许多与计算机化只存在间接的关系。经济增长、节省时间和推进效率的技术，使我们日益富有，并越来越有效率，这让我们可以有更多时间从事自己的活动，但是有充分的理由怀疑——甚至在更大的程度上——这会导致完全相反的结果。更多的弹性使我们的柔韧性越来越少，越来越多的选择让我们更不自由。为何我们没有时间去休闲，与期待完全背道而驰？为何信息接收得越来越多，理解包容却在减少？在一个迷恋目前及不久之后的社会中，为何没有良好的、政治上的明智愿景？为什么我们依然觉得微软 Word 软件的加载时间太长？这些答案与变迁节奏的加快有关，也与错误类别的过度复杂有关。

现在有几个好的理由，让我们可以感觉一生活的满意（当然也有几个不好的理由）。我们活得越久，就有越宽泛的机会，总体上比上一代人拥有更多的选择。在发达国家尤其是这样，许多"第三世界"的国家在这方面也有很大的进步。在 20 世纪，许多国家的人均寿命和受教育比例急剧升高，尽管现今非洲的情形依然受阻。然而，一些事情即将偏离正轨，这是本书的主题。不过我要强调，作者本人既不是老式的浪漫主义，也不是梦想往事的怀旧主义——或者想当然地认为现代社会具有连贯性和整体性。大体上我与新信息科技的关系是积极和热切的，我认为信息时代是工业时代有价值的继承者。这些观点如何与我们当今时代流行的基本批判达成和解？我将在本书中予以阐明，并在最后一章中简要阐述。但是，首先我要声明，我自己不提倡读者直接跳到最后一章的内容。这种纸质产物适用于那些受到威胁的文化类型：它是线性的和累积性的。本书各章节具有特定和非随机的次序，各章之间并非简单地堆叠在一起，而是有机的连接体。按照特定的顺序写作是本书给读者的印象，这是模仿文字处理软件之前的时代。本书讨论的主题是当前大家的兴趣，但是这种缓慢展开式的、推理的随笔形式，对于习惯信息消费的下一代来说，恐怕有些老掉牙了。

在开始讲述专横的时间这一故事之前，我们先简要回顾冷战之后这个时代的主要特征。这个时代来得太匆忙，以至于最好的研究方案也得追赶当前的时代脚步。后续各章节从一些经过挑选的路径追溯文化的历史，并强调信息科技的历史，尤其是那些未曾预料的后果。第 4 章名为"速度"，讨论了 20 世纪世界历史中特别重要的方面：几乎一切事情都在越来越快地变化，新产品尚未占领阵地就已经被淘汰，而我们却还未回过神来。时间被敲成片片碎屑，几乎没有留下任何东西。第 5 章名为"指数级增长"，是要唤起人们注意一种特别的数学函数。指数曲线的主要特征是：每隔一定区间，函数值就要翻番；如果数字小，增长似乎并不剧烈。最终，曲线会类似垂线，由于 X 轴代表时间，这意味着时间变化接近零。令人奇怪的是，当今社会能发现许多类似的曲线。在第 6 章，我要讨论加速度和指数级增长带来的令人新奇的副作用，我称之为堆垛现象：各种事情互相堆叠在一起，而不是成线性排列。两个明显的案例是万维网和多频道电视中如同被漏斗过滤的信息，不那么明显的例子是那些较不重要的情形。第 7、8 两章表明，我们日常生活蕴含的一切都在文化的类别之中；无论是当代人的风俗习惯或一夫一妻制，还是年轻人对"灵活就业"与消费习惯的崇拜，都展现了时间的专横性。

本书尽管采用了通俗的风格和适中的长度，但并非一本毫不显眼的书籍。我们谈论的不是一种新的模式和代码，也不是一套行将控制人类社会的新组织原则。因此，本书结束于某些对政治的考量，是比较中肯的。若以"我们必须重新控制时间"作为结论，显然过于简单化并容易误导读者；相反，我建议大家应该重新学习对特定时间形式的评估。为了发现在各领域内与时间相像的东西，知道时间的重要及其遭受威胁的原因，我认为只能设定一套标准的时间，此外别无他法，因此也就不能按照线性的和积累的模式来阅读本书。

第二章

互联网的神来之笔：信息文化与资讯崇拜

"信息时代"这一词汇已经提了很多年了。20世纪70年代，当托夫勒（Alvin Toffler）在写作他关于未来的冲击和第三次浪潮的书时，可能只是碰巧使用了这一词汇，但作为一个概念，它却可以追溯到诸如麦克卢汉（Marshall McLuhan）之类的媒体理论家，麦克卢汉在20世纪60年代出版了他最重要的著作；若再往前推，就可以追溯法兰克福学派的文化批判，比较突出的有阿多诺（Adorno）和马尔库斯（Marcuse）。在第二次世界大战之后的数年间，他们给那些对西方文明充满感激之情的学生提出了预警。然而，"信息时代"这一概念或术语，在20世纪90年代有了重大的突破，这恐怕不是巧合。正如包括"全球化"和"认同"在内的其他时髦术语一样，这个术语在政治家的口中很快会失去意义，这些人会采取油嘴滑舌的方式使用这个术语，目的是要证明自己能够与时俱进，而不是要谈论信息社会与工业社会或"机械时代"的差别。这是一个令人悲伤的事实：一个极好的词语在最需要的地方，却变成了最无用的陈词滥调；因为这些词语常常能够讲述当前最重要的事情，因此可以被每一个人占为己有。另一方面，这些词汇日益下降的边际价值以及被缩短的寿命——本身就是信息社会典型问题的征兆。

换句话说，"信息社会"这个词语因为信息社会而失去了其本身的意义。信息社会是一种现实，假如一个人要认真地理解当今的时代，没有什么方式比考虑工业社会向信息社会的过渡更有用。

然而，需要注意的是，最近几十年来，出现了许多其他的变化，而且大部分都朝着同一个方向变化——变得更加复杂和不稳定，更具个人主义。1980年，在奥斯陆只有一家印度餐厅。到了2000年，距离我的公寓步行不到10分钟就已经出现了六七家印度餐厅，从快餐店（有番茄酱和咖喱粉）、禁烟的印度教克利须那派素食餐厅到五星级美食店。在亚当斯（Douglas

Adams）1988年出版的小说中，因为在奥斯陆没有披萨的送货服务，故事主人公极为恼怒。现在这已经不再是问题了；如果有问题，恐怕就是通过电话或互联网订餐时，如何在披萨、中餐、印度餐和其他各种烹调方法制作的食物中进行选择。过去的二三十年里，在富裕国家影碟机和个人计算机已经很常见，就像更早的电视一样普遍。因为顾客量少，银行分支机构纷纷关门或重新设计，支票也成了过时的支付方式，而网上银行正如雨后春笋般涌现。在年轻人中间，网聊与手机短信成了标准的交流方式。

2.1 21世纪始于1991年

21世纪始于1991年。这些有趣的例子像水面上的涟漪一样，但与深层次的结构变化有关。事实上，这种变化不仅可能，而且很有必要讲述。言归正传，21世纪不是在2000年或2001年才开始，而是始于1991年。可能除了霍布斯巴维尔（Eric J. Hobsbawm）以外，没有人会间接地支持这种奇怪的观点。霍布斯巴维尔认为20世纪是从1914年到1991年。

这种分期的合理性，可以通过1991年发生的三个主要的全球性事件来证明。第一件大事是苏联的解体。我们都知道，这件事的政治后果是苏联就此消失。但是，仍然有两个超级大国或多或少地分割着世界，在政治上也有一个清晰可见的左右分歧。美国提出的意识形态建立在大量的个人自由和少量的安全之上（实际上这种安全少得可怜，以至于很多美国公民为了能够对付威胁自己安全的人，不得不配备手枪）。苏联提出了恰恰相反的意识形态——大量的公共安全保障但很少的个人自由（个人自由如此之少，以至于只要一个人按照自己的想法乱说话，就会被发配到西伯利亚劳改）。这两种对立的意识形态进一步衍生出一系列二元对立的范畴：国家规定与个人创新，集体与个人，团结一致与自私自利等等。虽然在西方社会，很少有人热切地喜欢苏联的制度（郝伯特·乔治·威尔斯可能是最后一个赞赏苏联的知识分子，萨特也只是为苏联的战略依据辩护过），但它具体表现了人类生活组织的另一种方式，也是对人类本性的另一种看法以及对美国流行的社会规划的另一种考虑。世界上大部分的政治运动，都是试图在美国的极端个人主义与苏联的极端集体主义之间定位。在批评者看来，这种对立标志着政治辩论宽广空间的界线。早在布莱尔与吉登斯提出"第三条道路"的选择方式之前，全世界就已经积极地推出了多种方案，从瑞典式的社会民主到无政府主义，还有从印度的贸易保护主义到南斯拉夫的经济民主。在冷战时期建立的可预测又令人恐惧的空间内，逐渐产生了政治的可选择性，然而当其中一个超级大国消失时，这些可选择性几乎烟消云散。最后，美国呈现的价值标准在全世界占据主导地位。20世纪90年代，意识形态基本上孤掌难鸣。

第二个主要的事件是南斯拉夫的解体及其之后发生的战争。20世纪90年代巴尔干半岛的悲剧间接地提醒人们，族群的民族主义和原教旨主义可能是抵抗美国的霸权及全球化的一股强势力量，至少在短期内会是如此。战争也使研究者开始注意这样一个事实，那就是，现代性并不能促使族群及其他"原生性"认同消失；相反，随着人们受教育程度的增加以及电视频道的增多，以亲属关系和地域空间为基础的认同会得到强化。当人们意识到自己是全球化的受害者，并被排除在全球化之外时，这样一些复归传统的形式不再是什么稀罕的事情。

另外，南斯拉夫的解体表明集体认同并非一劳永逸的事，国家的主权与不可分割性在未来将不可预测。在战后国际关系研究方面，比较武断的意见认为国家之间的边界变化令人无法接受。南斯拉夫剧变的事实表明，社区的巨大需求与现有国家所能提供的条件完全不一样。在这方面来看，南斯拉夫的族群冲突和认同话语具有的不确定性与认同的偏移性，与当今美国与西欧的特征一样，主要表现为原教旨主义与少数民族之间的紧张。后面将对此再做分析。

最后，巴尔干半岛的战争是一系列战争的开始，不存在孰好孰坏的分野。直到20世纪80年代末，西方人文主义者和伦理学者都认为战争已经远去。通常，他们支持解放运动，并赞成少数人反抗政府的压迫和超级强权。但是，在索马里内战中，同样的人道主义者会支持谁呢？在卢旺达的胡图族与图西族之间，他们又会去同情哪一方呢？对于斯里兰卡持续的内战，他们又该如何看呢？即使是在巴以冲突中，与以往的情况相比，20世纪90年代出现的矛盾看法要多得多。

暂且不提海湾战争中，是谁在1991年1月份首先开战？哪一场战争是鲍德里亚（Jean Baudrillard）所说的从未真正发生的呢？又是谁通过美国有线新闻网（CNN）每天向世界播报战事的实况？海湾战争标志着美国开始实施"新的世界秩序"，这在10年之后北大西洋公约组织反对米洛舍维奇领导的南斯拉夫时得到了验证，虽然当时这并不是一种"自由左派"的观点，但至少包括两部分：一半左右的欧洲左派分子支持军事行动，另一半则持反对意见。随着全球两极对峙的消失，在后冷战时代，同床异梦的事情接连发生，比如当时《经济学家》杂志就建议联合国出于人道主义的原因制裁伊拉克——过去这种主张与社会主义及反对北大西洋公约组织的观点有关。

对于21世纪而言，互联网将是一个模板。1991年发生的第三件事直接与本书的主题有关，因而需要被更彻底地看待——尽管政治腐败，作为稀缺资源的认同和地缘政治的模糊性，理所当然也是21世纪的特点。

2.2 互联网的神来之笔

从20世纪60年代后期开始直到1983年阿帕网的出现，互联网一直作为军事通信网络存在。但是作为一个封闭的系统，除了军职人员以外，互联网还包括学者和计算机网络爱好者，他们通过所谓的"BBS"（电子布告栏）交换信息和游戏程序。直到1991年左右，互联网才开始商业化并彻底平民化，因而老百姓可以在家里获得互联网的账号，也就在这一时期，欧洲学术界开始常规地使用电子邮件。

几年之后，具有图形界面的万维网，也就是许多人所讲的互联网产生了。我是在1993年的春季学期首次遭遇网络，当时我们的计算机工程师要我更新软件。那是，奥斯陆大学的教职工已经使用电子邮件好几年了，但是对于这一新兴的全球网络的其他用途，我们大部分人依然只有模糊的概念。

计算机工程师双击了一个称作"马赛克1.0"的图标。他解释说"这种新东西就是万维网。"然后切换到了一个预备模式：这将进入一个庞大的资源系统。他浏览了一下基本的原则——全球资源定位器、超文本传输协议、图形界面和超文本标记语言——然后接着给我演示了几个网站。其中两个网站分别是阿德雷德大学和美国国会图书馆。我当时想:"这下好了,我可以阅读澳大利亚南部的参考书籍,还可以在全世界最大的图书馆查找书目了。"这真是进步?计算机工程师接着说,"目前还没有那么多资源,但等等就可以了"。

诚如我们所知的那样,剩下的已成历史了。在当年的秋季,网站(或"主页")的密度开始显著增加。计算机公司都建立了自己的网站,其他诸如唱片公司和出版社之类的企业也紧随其后,大学与学院的大部分主修专业及少量辅修专业也开始上线,而且网站布局不断改善,内容也日益丰富。到了1994年,加利福尼亚州极时髦的《连线杂志》(WIRED)也开始建立自己的网页。同时,很多致力于晦涩主题的网站如雨后春笋般出现,无政府主义、前卫摇滚、科幻小说和宗教神秘主义等纷纷粉墨登场。整个20世纪90年代,不管规模大小,也不管是否主流,各种网站在万维网上不断涌现,这在很大程度上加快了我们这个时代的信息堆垛。

万维网的发展突飞猛进。新的网络标记语言经过改进提高,开发出了超文本标记语言和相关的技术,包括太阳公司(Sun)推出的一种应用程序开发语言Java,使得声音、图像和任何格式化文本等可以出现在网络上。网络的传输速度或带宽不断增加。没有人知道这个月有多少网页存在于网络上,就在我写作的时候,网站的数量已经接近1个亿。每个网站都包含了很多网页。

万维网代表了一些品质全新的事物。用作家吉布森(William Gibson)的话来讲,网站堪比永不停歇的期刊和巨大的图书馆,但是即使我们不考虑网站上的广告数量,它也不同于图书馆。首先,网站上的信息并不是我们订购的,也不是按照字母顺序或其他顺序排列。不同的主题根据不同的原则连接在一起,这些原则往往异想天开。网页没有等级资历之分,一个技术娴熟的学生开发的网站,也可以像微软公司的网页,拥有相同的空间,同样具有吸引力。

换句话说,网络具有非常民主和权力分散的特点,这是权力部门为何要费尽心机加以管制的原因。众所周知,网络上具有海量的色情文字与图片,还有各种政治宣传口号、仇恨的言论、违法的劝告和古怪的话语——自然还有大量的广告。一些悲观主义者担心网络将退化为另一个市场竞争的舞台，不幸的是他们错了。就像旧的媒介那样需要以木质纸浆为基础，网络在某种程度上可以视为一种媒介，一个可以盛装各种实际事物的空容器。然而，这个容器也能为内容塑形。这是一种更加快速的媒介，而不是皮革包边的禁欲主义哲学文集。与麦克卢汉的观点相反，媒介不是信息，但媒介可以**塑造**信息。哲学的历史与一本不带插图和超链接的五百页书籍的差异，不仅仅在于只读光盘驱动器或者小说或电影的形式。它是不同的。一种思想也许不只有用德语才能表达（正如海德格尔相信的那样），但是这种思想不再是一个网页，而一定要与其他思想互相关联，不是通过超链接而是按照连续的方式。

此外，不像印刷媒介那样，网络上的内容可以不断变化。有自尊心的公司不仅仅拥有自己的网站，还能够持续地改进网站质量。昨天还能获取的网站资源，到了今天就可能没办法再获得了。链接也会每个月更新一次。改变不是一种紧急状态，而是日常生活的特点。

互联网的用户数量增长迅速。到2000年底，全球约有4亿人在线。这些用户分布在全球各地，每一个国家都有互联网的使用者，但分布状况呈现曲线。在一些国家，因特网用户人数与国家大小有关，而不是与物质生活水平有关（不像私人轿车的分布特征）。在挪威，2000年就有230万人在线。而仅仅3年前，在线人数只有50万。整个非洲的互联网用户人数只比挪威多一点点（可是总人口却是挪威的100倍以上），如果去掉技术相对先进的南非不算，整个非洲的互联网用户人数，比欧洲最小国家的互联网用户数还少一大半。

世界上拥有最多"互联网线"的是美国、加拿大和北欧国家，2000年年末这些国家几乎一半多的人都能上网。在英国，有35%的人可以自由地获得互联网资源（在1997年时仅仅只有2%），斯洛文尼亚（25%）和爱沙尼亚（22%）实际在线人数都比法国（15%）多。

现在还有人说没有人能够离开网络挣钱，但是他们的期望值还是很高。在1998—1999年冬季，网上书店亚马逊公司挣到的钱，几乎等于北欧一座中型城市的产值，比如挪威中部港市特隆赫姆。尽管之后票面价值有所下降，但如果考虑到公司继续在挣钱，而且万一破产，公司没有多大的出售价值，这个名誉价值依然是个天文数字。就像其他以网络为基础的公司

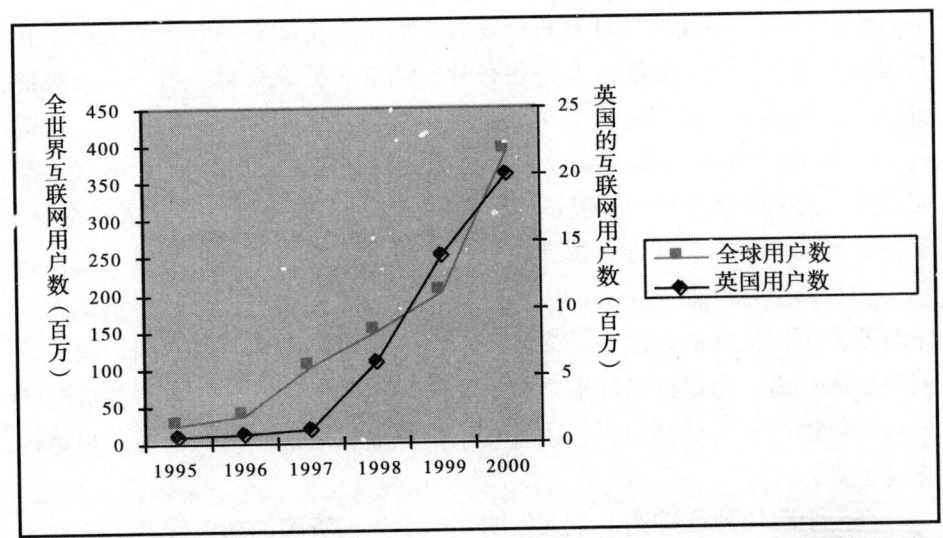

图 2-1 互联网用户数量

一样,亚马逊公司的主要资产存在于一种期望之中。

2.3 养猪都要信息技术

  在信息社会中,甚至猪都可以与信息技术兼容。信息社会并非某些人所说的后工业社会——这个社会的主要产品是信息,不是工业或农业产品。美国是一个信息社会,但其传统工业仍占国民生产总值的一半以上。德国和日本也是如此,对于国内经济的基础而言,丰田公司远比索尼公司重要。

  另一方面,信息社会的特征是信息技术的整合,这是各种产品的关键因素。就连超市的收银员也得完全依赖计算机技术,要是光学条形码扫描设备坏了,她将无能为力,尤其当她记不住商品的价格时会更糟糕。温室、挤奶机和给猪喂料的机器,都依靠微计算机处理器来工作。实际上在一些国家,就连牲畜的交配也完全计算机化,母牛与公牛精子的配对也要通过网络,依赖大型数据库的管理,将储备中心冷冻状态的精液分配到各个地方。公牛的身体不再是必不可少的附件。所以,当千年虫病毒可能会使计算机系统崩溃时,各种焦虑迅速传开也就不值得惊奇了——这种焦虑不是来自作家、会计师或其他计算机痴迷者，而是来自欧洲的农民。人类不管是爆破一座山、建一艘船、卖一包薯片、调查一桩纵火案或做一个心脏搭桥手术，还是搞一个社会人类学的讲座，都日益依赖于计算机技术。这就是1999年的千年虫问题会变成一个强大神话的根本原因。尽管很多人都有直觉认为问题能够解决，但是虚构的迫在眉睫的崩溃是一个奇异的故事，反映了当代世界的脆弱性，这偶尔能够比得上作为头条新闻素材的克林顿总统和辣妹组合。如果所有的大型计算机都崩溃，后果会怎样？猪就无法定时喂食了，饲料的数量也是多少不一，电梯可能停在楼层之间，微波炉就要彻底见鬼，而银行自动取款机也无法存取现钞了。一些人预料那时唯一可以依赖的只有计算机了，因为在千年虫爆发之前，他们已经一再地检查过重要的软件。

有一个现代神话讲述一个人发明了一个耸人听闻的新式武器，这种装备杀不了任何人，也破坏不了任何建筑物，甚至连窗户也不能损坏，能损坏的只是一些纸张。（这只是人道主义的武器——与中子弹武器恰恰相反。）当他申请专利时，专利局的官员满脸狐疑，建议他先回家去，并要他在申请专利之前考虑清楚。然而这个发明者依然坚持要申请，最后专利局官员只好非常不耐烦地说："那行，先去拿表，填好以后再回家去。"这个人耀武扬威地嘲讽道："你明白了就好！"显然，千年虫的神话就是这个故事的变种。

信息除了渗透到商品与服务的生产过程之外，还逐步变成了一种重要的原材料。当然，信息一直以来都很重要，在某种意义上，每一个社会都是一个信息社会。如果一个人能有效地杀掉猛犸象而且自己安然无恙，或者能够放一把火而不留任何活口，那么他就是欧洲冰河时期最强大的人了。然而实际上，最近这种面向信息的转变，已经把它作为经济的主要稀缺资源。传统的原材料已经降低了其相对价值，额外的价值越来越依赖信息。例如，在微处理器的价值中，原材料的成本只占2—3个百分点，剩下的全部是信息技术。20世纪90年代最成功的微软公司，其附加值最高的电子产品，质量还不到1克。相比之下，在微软之前的通用汽车公司，其产品的重量达到了4吨。

不过很明显的事实是，从事信息处理的人员越来越多。最近十年来，对于那些依靠谈话、写作和阅读谋生的人来讲，这是一种不证自明的事实，而且这些行业的人口正在逐步增加。时至今日，在任何国家中，学者、网页设计师、作家和记者都只是少部分人。20世纪90年代，信息顾问突然间增多，但是每一个国家的农民依然多于信息顾问。另一方面，西欧有许多农民业余还兼任教师或地方政府雇员，他们工作的一部分就是纯粹处理信息。与信息有关的工作任务已经潜入这些人的工作时间之内，在这之前他们采用其他方式打发时间，有时候只是发出噪音来消磨时光。很多人花费大量的时间开会、回电话、发送传真和电子邮件、写作和阅读、归档文件、开会、填表或写报告等等。一篇来自挪威国家健康中心的报告显示，20世纪90年代该中心的财政预算有60%花费在各种信息处理之上。计算机专家和科幻小说家乔宾（JonBing）评论道："这个数字应该是4%或5%。"但是没有人知道如何才能达到这个标准。

信息被看做当前西方经济的驱动力，正越来越多地通过互联网传输。当1999年美国在线（AmericaOnline）与华纳兄弟（WarnerBrother）合并时，实际上是互联网络公司美国在线接管了娱乐公司华纳兄弟，而不是其他的合并方式。尽管与华纳兄弟相比，美国在线的赢利只是很小的部分，但它的股票价值却接近华纳兄弟的两倍。

2.4 得不到信息才稀奇

在信息社会里，得不到信息反倒成了一种稀缺的资源。即使那些没有工作的人，也会受到快节奏信息处理的影响，而且作为消费者和普通市民，他们还要深受新技术的制约。与其他类别的社会不同，信息社会的主要特征是嘈杂和冗余：信息充斥在每一个角落，每一个人都可以获得足够的资讯，这与工业社会或其他类型的社会不同，那些社会经历过真正的信息短缺（比如过去大家习惯说的"求知欲"等）。

我的父亲出生于20世纪30年代。他成长在一个工人阶级的家庭里，能够获得的书籍很少。父亲在中学时为当地一家报纸撰写电影评论，挣到了平生的第一笔钱，拿到薪酬后他立刻去购买书籍，并且很快就爱上了买书。当他去书店时，总会带上一两个背包，带着愉悦的心情把买来的书籍背回家，按照书名的字母顺序将每本书摆放在书架上，然后坐在摇椅上开始阅读第一本书。这些活动体现了他是一个有教养的现代人，具有较大的个人乐趣。现在，该讲一下我这个出生在20世纪60年代的人。前面提到过，我的父母属于中产阶级，所以在我成长的家庭里，已经拥有一个规模可观的小型图书馆了。当然，因为生长在信息时代，我也泡在各种各样的资讯里。每当我经过大型书店时，至少会在里面呆上半个小时或一个小时，即使没有购买任何书籍，也会总带着一种满足感离开。广泛地翻阅而没有购买书籍，表明个人发挥了自己对信息的过滤功能。因为当前的信息太多，而不是太少，而且信息的总量还在增加。挪威最偏僻、人口最少的摩城（MoiRana）靠近北极圈，每年它向挪威国家图书馆提交的材料，包括各种出版物——广义上涵盖电影、图书、杂志、明信片和光碟，其中大部分由挪威的大众传媒机构生产。在20世纪90年代的7年里，其所提交的材料条目数量翻了一番。1991年，还只有48,400条，而到了1998年已经增加到了100,008条。请注意，我们谈论的是一个不到500万人口的国家。

在信息社会，一项重要的技巧是让自己免受那些不想要的信息的干扰，这些信息占了总信息量的99.99%，剩下0.01%的信息自然需要毫不留情的开发利用。

有关信息社会的无意识后果，我最喜欢的一篇文章是写于30年前的，其作者直到20世纪90年代中期仍不愿意对文字进行处理。作者的名字是布琳斯维尔德（Tor Åge Bringsværd，读起来有点像意大利文），他是挪威一名多产的小说家，很受大家的重视，他所讲述的故事是《收集1973年9月1日的男子》（按照原文，应该是1972年）。这个故事的主角认识到世界上的信息太多。不管如何努力，他永远都无法有启发性地回顾历史、政治和科学等。一天，他做出了一个重要决定。他发誓在未来几周和几个月内紧张地工作，以便完整地回顾1973年9月1日这一天。他估计自己能够处理好。所以他挽起袖子，开始了收集工作。他购买挪威和北欧所有的报纸，并订购了无线广播录音带，还收集其他语言印刷的报纸与出版物。但他很快就认识到，对于俄语及其他自己不懂的重要语言，他需要参加密集的培训课程学习。在数年精心的收集之后，一场大火烧毁了故事主人公的公寓，那些有关1973年9月1日的简报、磁带和剪贴簿，也化为灰烬了。

故事的主角被轻度烧伤，躺在医院的病床上，嘴里毫无条理地嘟囔着尼克松总统与毛泽东主席的事情，还有1973年秋季举行的足球赛等等，很自然他被护士诊断为严重的精神病人。

几年之后，布琳斯维尔德从不同角度探讨了这一主题。在他那本名为《沉睡者悲伤的早餐》的小说中，开篇就让读者看到了巴特霍尔蒂（Felix Bartholdy）先生，他站在纽约的一家书店门口，背上背着一个大包，口袋里装着现金支票。他掂量了一下包的重量，并快速地计算着，嘴里还向旁人嘟囔："今晚我买了一大包书。但是谁能告诉我，何时我才能找到时间来阅读这些书籍呢？"

巴阿特霍尔蒂继续放声地思考："我已经有一万多册书籍，其中大约4000册还没有阅读。通常我每周阅读两册，一年就可以读完104册。要读完4000册书，我需要将近40年的时间。现在我已经43岁，在读完我所购买的书籍之时，我已经83岁了。但是这也没什么……"此时他感觉一阵晕眩，然后斜倚在墙边，嘴里继续嘟囔着："我还要继续买书。我要收藏书籍。我要抓住我所看见的一切书籍。我是一个执著的人。我购买的书籍数量需要达到我阅读数量的五倍。"

正如小说所言，对巴特霍尔蒂来讲，事情越来越糟糕，但他是他那一代人的典型。在某种意义上，他超前于他那个时代几十年（这本小说是20世纪70年代出版的）。他生活的年代没有互联网和数字电视，当时全世界每年出版的书籍总共只有55万册，20年之后这个数字已经翻了一番。但是，他是信息过载的典型受害者。面对信息海洋的惊涛骇浪，他没有学会在里面自由地"游泳"。相反，在把信息海洋中的海水喝干之前，他感觉不到满足。

物以稀为贵。在现代社会，工会和雄心勃勃的政府机构组织社会主义读书会，搞巡回演讲（妇女与工人是其最钟爱的目标群体），目的是要教导人们远离吸烟的危害。一种普通的观念认为，大多数人都急需知识的增长，因为知识就是力量，至少可以改变自己的生活状态。这个口号仍然有效，但是发生了一个重要的变化，那就是信息不再是稀缺资源。重要的不再是尽可能多地参加演讲会，或者多去看电影，也不是在自己的书架上陈列尽可能多的书籍。相反，对于富裕国家的任何一个受过教育的人来说，首要的目标是要对信息进行过滤，选出需要优先获取的信息。

在信息极度冗余的社会中，人们如果想要理解社会文化或其他任何事物，都无需获取尽可能多的信息。这就像不能同时阅读全世界的电话簿和一万卷词典一样，这两本书从第一页起都需要勤勉地阅读。在阅读的事情上，任何人都不可能超过亚伯拉罕森与阿米巴，即使他愿意用一生的时间去阅读。这正是巴特霍尔蒂的问题。信息时代如何避免这样的问题，将是人类面临的最重要挑战。

有时候会有这样的说法，认为我们这一代人正在消耗的事物，是我们祖父母那一辈人从未听说过的。而现在我们消耗的东西，似乎正是信息的短缺。

在这种情况下，我们就迫切需要一种机制。当任何事情的供应不再存在限制时，我们需要采用什么样的标准，区分信息的好坏，判断哪些是知识或干扰自己的噪音？当我夜晚休息时，如何才能过滤掉我所接受到的 99.99% 的信息？又如何确定剩余的 0.01% 的信息是我实际所需要、不会让我嗤之以鼻的？

过去，这些问题的答案要么是一种教化和个人的认同，要么就是独特的兴趣。现在，信息的丛林已经如此茂密，以至于我们为了充分了解所有的事情，不得不顽固地一门心思去对待这些问题。即使政府花钱雇你搞研究，比如说混沌理论，你也不可能读完该领域内所有的东西，即使限于英语文献范围之内。扫一眼标题、摘要和内容目录是可行的，但对接下来的文本怎么办呢？忘记它，还有其他任务等着你呢！下一刻将会抹杀当前这一刻的事情。

对知识而言，过滤、探索和组织的原则，已经是压倒一切的需要。那么，该如何去做呢？或许，越来越多的人习惯于这样的世界——随时掠过色彩斑斓的信息碎片，却缺乏方向与凝聚力。我怀疑大家都有这样的经历，如果是这样，信息革命就会出现未曾预料的结果，这可能会使知识的概念发生根本的转换。

2.5 消除差异的快节奏

在信息社会，快速的节奏正在将差异抹平。从日常可获取的统计数字来看，可以说人们的早餐更愿意选择玉米片而不是稀饭，同样，人们更喜欢浏览一张报纸而不是阅读整篇论文。更多的人使用手机，他们更习惯使用传真和电子邮件，在办公室或家中使用录音电话或语音信箱，在已过的几周内通过按电梯按钮，使电梯门能早几秒钟关闭。如果按下这个键后，每次可以赢得 5 秒钟的时间。按照一天坐 4 次电梯计算，一周就有 20 次。这表明每周可以节省下 200 秒钟。一个月就可以节省 6.5 分钟，一年就可以节省一个多小时。这些额外的时间可以干些什么呢？

不妨参考一下这些建议：

  玩计算机游戏或观看电视节目；
  等待延误的航班；
  阅读 5 份小报或 1 个版面的海报；
  从伦敦驱车前往布赖顿；
  做 1 次慢跑；
  与孩子们讨论未来或与父母谈论过去；
  学习 10 个西班牙语动词的形态变化。

当然，一个小时可以做很多事情。如果把这些事情列成清单，恐怕很容易变成一大卷。不太可能准确地讲清楚人们节约的时间，因为我们使用机械时钟记录的时间，具有空洞和抽象的特点。我仍主张把节约整块的时间作为原则问题，比如等候电梯时，时间被蚕食的速率惊人，尤其是电梯在达到一楼之前，如果层层都要停下来，就更是如此了。

时间的密度在增加，间隙正在消失，各种各样的事物日益增多。这种环境或许让我们觉得特别满意，认为我们能够控制时间预算，比如通过按电梯里小小的按钮，又比如办公室的白领在听到会议被取消时，为突然间获得的 1 个小时兴奋得热泪盈眶。很多人一眼就能认出萨特，据说他为了节省系鞋带的时间，总是习惯穿一双无鞋带的便鞋。

在信息社会，对于那些关注经济供给的人来说，最稀缺的资源既不是铁矿石，也不是用麻袋盛装的粮食，而是他人的关注。在信息领域工作的人员——从天气预报员到教授，都在同样的分秒之间与其他人的生活竞争。不像其他的物体那样，信息的总量不会因为某人放弃而减少。假如吉姆有两个苹果，他把其中一个给彼得之后，他就只剩下一个苹果了。但是如果吉姆有两个主意，他把其中一个主意给彼得，或许最终他能够拥有3个主意，因为彼得可能会添加自己的意见。由此看来，任何提供知识或信息的企业，都不可能出现空仓的情况，只可能会过时并且滞销——所谓信息经济的空仓，并且速度越来越快。

对居住在这一类社会中的人来说（有时候外界称他们为"客户"），主要的稀缺资源并不是桌椅、熏火腿和牛头之类的东西（尽管这些东西还像以前那样买卖），而是**控制和管理我们自己的时间**。信息从外部迫使我们更多地依赖它，而且攻势日盛，使我们更难回避。信息的来源也越来越多。争夺自由时间的战争已经上演。

这不仅仅是无绳电话和互联网无线接入的问题。那些只是这个画面的一部分，重要的是这些新媒体正在以极快的速率发展，没有人能够准确地知道网络看起来将会是什么样子，也不知道在三五年内又该如何使用它——或者是否像现在这样，通过电视、掌上数码设备、计算机或手机接入。但是信息具有流行性，能够扩散到所有领域。20世纪的最后15年，不仅见证了互联网和相关技术的提升，而且见证了语音通信、出版物和电视频道的巨大进步。

没有任何技术变革能够按照预料的结果出现。同样，技术、社会和文化的关系也是如此。关于这种关系已经说了很多——现在依然在谈论，但是现在我们只能限于这样的表述，认为它是复杂的。技术创新的效果，很容易也的确会引诱人做出简单的结论，认为这无非就是打字机、电视或一些其他事物。这样的假设往往是错误的：技术变革在许多方面都有可能产生。大部分优秀的科幻作家，包括富有才气的空想主义者，比如吉布森和巴拉德（J.G.Ballard），都专注于技术的副作用：罪犯或坏人如何开发技术；技术会导致文化灾难，或者以任何人都难以预料的方式改变人的思维模式。这些作家熟悉自身的文化历史，关注早期技术变迁引起的其他变化，这些变化通常更加剧烈，超出发明者当时的预想。

例如，就拿电话来说。撇开一些人把电话当玩具、认为其实用性很有限的事实不谈，很少有人预计到它能够迅速地改变城市的居住模式。但这恰恰发生在那些与同事、客户和其他人定期频繁联系的群体身上。20世纪初中产阶级普及电话以前，职业政治家倾向于住在特定的小区内。这具有实用价值，因为他们工作的重要组成部分是协调关系以及工作时间以外的政治游说。后来他们有了电话，就可以住到自己想住的地方，许多人因此搬离了城市中心。

另一个例子是打字机。第一台机械式打字机是由丹麦牧师马林（Hans Rasmus Johann Malling Hansen）在1867年发明的。当时发明这台打字机的主要目的是帮助盲人和视力受损的人，让他们更容易书写。尼采是较早使用这种打字机的人，因为他的视力很差。有些评论人士认为，尼采的信仰和哲学警句，以及被削减的"晚期风格"，都是使用新式书写科技的直接后果。尽管这有点夸张，但尼采在1882年所写的一封书信中，却说到"书写工具影响了我们的思维"。

打字机的发明，除了可能对思维和推理产生作用之外，还在短期内彻底改变了文本的生产方式。在成熟的工业社会中，女秘书成了办公效率的标准形象，出版也更加快速和容易。排字工人曾花大量的时间与精力，辨认那些模糊的手写体文字。同样，打字员要处理许多过去未曾见过的字符，就像现在人们发送电子邮件时一样，他们在使用打字机时也有同样的困惑。我们使用的电子邮件在速度和可靠性方面，可能会言过其实，而打字员也认为他们通过回避难以辨认的字体，保护了阅读者的视力。

打字机带来的或直接引起的变化还有很多。它使妇女大批量地进入办公室，拉开了作者与书稿的距离，提高了抄写与排字的速度与精度——甚至可能导致了思维模式的变化。保罗·维利里奥（Paul Virilio）属于坚持手写的作家群体的一员。他所有的书籍都是用钢笔写成的。因为只有降低书写的速度，才能够配合他推理的节奏。

那么，文字处理会有什么副作用呢？20世纪80年代之前，在视窗操作系统和文字处理软件逐步消除不同主导操作系统的差别之前，苹果机与微软DOS系统的用户已经习惯了计算机的不同操作方式。（安东尼·伯吉斯[AnthonyBurgess]以前有一台苹果机，但他却犹豫是否使用，因为他发现当他打开计算机时会有问候和笑脸，这就降低了书写的功能。）苹果机显示了风格化的桌面图像，可以使用鼠标按照自己的方式点击。在文字处理器中，显示的是令人愉悦的黑白两色以及所见即所得的满足感，还有字体矫正和页面边距调整。传统的计算机使用微软 DOS 系统，问候用户时往往使用保留指令"A>"，如果是硬盘驱动则用"C>"。背景是黑色，文字是琥珀色或绿色。文字处理器常常叫做"完美文书"（WordPerfect），显示的是色彩较为暗淡的标准字体，只有在打印时才能看到其他附加的效果（比如 12 点大小的 Helvetica 字体，调整右边距，行间距为 1.5 倍）。对当时北美的大学生进行的研究表明，个人计算机的用户提交的书写作品，比苹果机的用户更好。因为苹果机很容易完成印刷体文本，使用苹果机的学生在没有真正完成作品之前，往往误以为自己已经可以提交了。这项研究还表明，使用技术的种类也可以影响选题。个人计算机的用户钻研严肃的学科领域，比如法律、政治和经济，而苹果机的用户则偏重有个性的学科，从娱乐产业到体育赛事都有涉及。一组对比测试表明，苹果机用户很少有理解文本的问题，但无法看透个人计算机的复杂语言。不幸的是，这项研究还是没有解决"蛋与鸡"的问题，也就是说，它无法证明在选择书写技术之前，苹果机用户是否比个人计算机的用户更肤浅和幼稚（或者可以说，更具有创造性）。

文字处理软件增加了打字机的逻辑性。它进一步减小了技术的内在阻碍，使得文本的生产成为一个无关痛痒的问题（因而很少出现信息过载）。它在拓宽作者与文本的鸿沟之时，又缩小了作者与排字工人的距离。

马克思曾经说过"手磨创造了封建地主的社会，而蒸汽机创造了工业资本主义的社会"。在这句经常被人引用的话中，马克思似乎推崇技术决定论，认为技术的变化必然会自动地推动社会的变迁。对于这个问题，大部分作家——包括晚年的马克思——都比较谨慎。技术会产生不可预料的副作用，而且往往会陷入一种文化背景之中，以至于很难准确地预料其使用方式。例如，过去 10 年来，发达国家的生活实际足以恰当地概括互联网与廉价航空旅行的后果。但是，如果走到另一个极端，认为技术变化没什么影响，就和相信互联网即刻会翻转这个世界的想法一样愚蠢。有清楚的证据表明，网络正在产生持久且非常重要的变化，本书的观点接近于技术决定论，而不赞同与其相反的观点。大范围内的技术变化能够控制特定方向的活动，却减少了社会整体的灵活性。就像下一章要讲的那样，没有时钟、印刷和金钱的世界，将会完全不同于我们现今生活的世界；当前电子通信革命最终也会按照这个流程的顺序发展。换句话说，如果不信，不妨拭目以待。

2.6 21世纪的自由等于脆弱

在21世纪，自由与脆弱将是同义词。20世纪90年代，变迁的综合过程获得了动力，信息技术的变革是其驱动力之一，也是主要的组成部分。这一点在冷战结束之后的这些年，已经变得扑朔迷离，令人很难理解。至少有两种方式与通信革命相联系。其中最明显的联系方式是加速与堆垛，这在后面将深入讨论。比较不明显的联系是冷战后的秩序。事实上，有人主张无形屏障的消失直接与信息技术有关，这种观点值得严肃对待。跨区域的通信有了新的可能，这在20世纪80年代的东欧逐渐实现，独裁政府发现在他们的国家内同样很难控制信息的流动。政府主导的单向宣传设备，几乎很难与双向通信的全球电信网络兼容。（单向的商业宣传设备更容易应对全球通信的挑战）当电视广播取代纸张成为主流媒介时，持不同政见

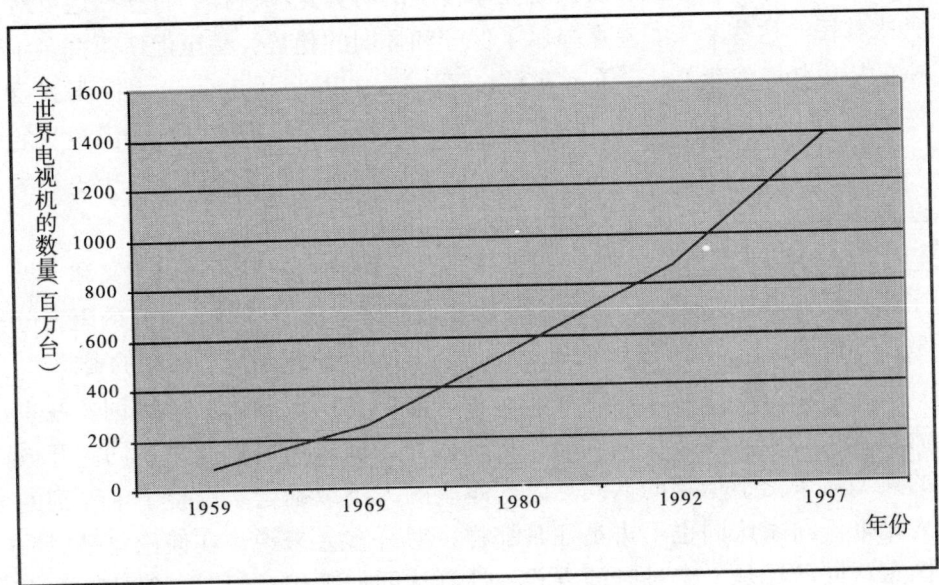

图 2-2　电视机用户增长曲线

的群体获得外部信息和进行内部交流就会更加容易和安全。1989年春季，整个欧洲的人很快就知道了奥匈帝国边界的开放，还有当年夏天保加利亚共产党的自由化以及苏联戈尔巴乔夫激进改革的趋势。当1989年12月9日柏林墙的大门敞开时，东欧政体就像多米诺骨牌一样，以令人惊讶的速度发生变化。

东欧政体的解散异常复杂，这里不宜详细分析。但毋庸置疑的是，政体改变的速度的确可以被看成是信息技术变革的速度。

柏林墙被推倒之后，世界进入了20世纪90年代，但是按照我的时间表来看，这是21世纪初。电视、电话和互联网的连接越来越快地遍布全球各地。

只有少数几个古怪的国家，竭力封锁那些未经审查的信息，以保护本国公民。毛里求斯的年轻人结成帮派，在电影《第一滴血》的鼓动下到处捣乱，一些对社会不满的团体看了有关巴勒斯坦和北爱尔兰的电视报道后，也想获得变革。这些想法扩散得越来越快。基本上，世界各地的人们互相了解的程度远远高于以前，每天交换的信息都在变化。世界格局正在快速变化，冷战时期的稳定性和可预测性已经远去。政治左右派别的差别变得日益模糊。例如，欧洲社会民主党与传统的右翼党派一样，也强烈地反对外来移民。这些年来，左派显示了保守和怀旧的趋势，甚至促使两百多年来的历史任务发生变化。布莱尔综合征（Tony Blair syndrome）——形式重于内容——在这一时期成了许多国家的政治特征，保守党与社会民主党的实际差别，远不如以前明显。政治分区遵循着不甚明显的界线，历史上的左翼正在寻找一个有说服力的新定义。

单极世界取代了过去的两极世界。这一极被称为市场自由主义和个人主义，打着诸如灵活性、自由和开放之类的标语摇旗呐喊。对它的阻力分散且不协调。信息不再是稀缺资源，信息的分类机制却成了稀缺的资源。

在描述新时代时，开放和多元主义是两个模棱两可的关键词。在主流意识形态中，这两个词具有积极的内涵，但事实可能完全不同。开放的典型后果是不稳定的认同。越来越多的人不敢确定早晨镜子中看到的人是谁。国家认同也不再是往日那样，对许多人来说，在谈论自己时，国家认同已经是一个过时的方式。性别认同似乎相对固定，但是没有人能讲清楚男人或女人意味着什么——这些角色的变化，已经超过了社会学能够监控的速度。甚至年龄也不再是一个可靠的指数，当今的个性化广告可能会有这样的台词："男孩，四十岁，寻找……"这几年，贸易组织和政党也成了模糊的实体，不再能为人们提供一个安全的归宿。集体认同的新概念会定期地出现，而其中一些恰恰反对现有的集体观念——游动、混杂、都市和全球认同。这些标签无需记住，它们与其描述的现象一样短暂。

新的时代既自由又令人沮丧，使人着迷又令人恐惧。它创造了新的脆弱形式：全球集成的计算机网络表明，任何事物——从计算机病毒到化学毒品、致命武器和毁灭性思想，比以前更加自由地流动，通过大量的蝴蝶效应产生了不可预料的后果。如果计算机瘫痪，我们就会完全无助——我们不可能简单地再去使用羽毛笔以及过去使用过的一切事情。在这方面，新的"适应"实际上造成了灵活性的丧失。此外，它还预示着新政治的到来。地方与全球力量、根源与脉冲、传统文化与多民族现实的关系，决定了没有现成的解决办法。对许多人而言，它也创造了一个现存的处境，人们必须日复一日地重新定义自己，在缺乏稳定性和可预测性的背景下，人们既要自由地选择，又不得不自由地选择。此外，对于很多评论员来讲，新时代实际上等同于新经济和新工作——信息处理、适应性、公司人员快速流动、产品与人事等流行语。一切都在改变，而且很显然还在继续产生影响。当我成年时，奥斯陆有1家大型造船厂和3家大的酿酒厂，城市中心的北边山谷里还有大大小小的工厂，包含了最古老的工业。今天，所有这一切都烟消云散，代之而起的是奢华的别墅、商店、饭馆、大学、计算机公司、读书俱乐部和无线电播音室等等。最重要的是，新时代的特征是信息的流动具有连续性，令人眼花缭乱且容易疲倦，其可能性之丰富与内聚力之贫乏几乎程度相当。

要描述信息社会需要厚厚一大本书，但是也可以这样简单地描述：全球经济的重心已经从事物转移到了符号上。由于符号的散播比事物更自由，符号经济以惊人的速度发生变化，并且需要其他的组织形式和更大的适应性。要结束东欧政体的改变，需要的是观念而不是武器。想法和预期支撑着当前西方繁荣的经济，同时也鼓动了叛乱和移民。自由地同时获取多种观念，表明我们的大脑有自由的空间供各种观念竞争，最终导致混乱和不稳定的认同。

2.7 文化马赛克时代

旧的张力未去，新的张力又来。我们这个时代具有两个革命性特征：电子的和多民族的。为了理解当代社会，我们没必要偏好其中任何一个，但是我们没有别的选择，必须承认两者都是我们所呼吸空气的一部分。而且，这两者是一个硬币的两面。电子革命和多民族社会是相互映衬的镜像：两者都把个人认同从传统与根基中挖了出来，作为主要的连续性叙事。多民族性的特征是文化马赛克，伴随着其各种混杂的形式、悖论、冲突和紧张，而互联网和多频道电视的典型特征是碎片化的、色彩斑斓的、混乱不清的和不连贯的信息流。这两种趋势产生了流动、运动和模糊的边界。它们把文化从地方中割裂出来，把人们从现成的故事中分离出来，这些故事讲述的是他们是谁以及他们能够成为什么。它们还使工作与工作场所、消费与习惯、教育与标准模板、知识与已有模式发生分离。过去、整体和连贯性——所有的一切都受到了威胁。

信息社会产生的新冲突，可以看做一组二元对立：当左边占优势时，右边就会产生对冲反应。比如下面这些二元对立的实例：

熟悉与陌生
禁锢与自由
社群主义与自由主义
集体与个人
根源与冲动
基要主义与矛盾情绪
过去与未来
连续性与变化
成熟与青春

这种张力很难适应左右之间的轴心，如同前面所提到的那样，2000年左右的激进主义似乎也抵制变迁，老左派担心的事情包括气候变迁、计算机技术、多民族的可能性和都市化。在此，我们暂且不谈此事。复兴的左翼任何时候都会提出全球社会正义是压倒一切的问题。然而尽管如此，在我们的谈话背景中，还应该快速浏览一下信息社会稀缺资源的新形式。或许这些稀缺性可以这样表述：

慢节奏
安全性
可预测性
归属感（也就是稳定的个人认同）
凝聚力和对他人的理解
线性累积型有机增长
真实的体验（既不受大众媒体的挖苦也接受调停）

正如黑格尔所作的正确评述，现实是具体的。如果这看起来依然抽象，我还会很快再进入一个更加具有体验性的模式。

还有一些人坚持认为，这些主题并不新鲜，所有这些主题、矛盾和问题至少都有一百年以上的历史，其中一些的古老程度堪比农业社会和都市社会。要回应这种批评，我觉得没有更好的观点能够胜过卡斯特（Manuel Castells）[①]的著作，他为自己三大卷的《信息社会》写了一个很长的脚注：

在我的论文集中，这几年的讨论总会碰到一些周期性的问题，我认为把它们呈现给读者，可能会比较有用。这是有关新奇的疑问。所有这一切有哪些是新的呢？为何这是一个新世界？我的确认为千禧年末正在涌现一个新世界。薯片和计算机是新事物，无处不在的移动通信是新事物，基因工程是新事物，电子综合性全球金融市场实时运作

[①] 曼纽尔·卡斯特，西班牙社会学家，主要研究信息社会，交流和全球化。社会科学引文索引（SSCI）2000—2009年的数据显示，他是全世界最多被引用的15位社会科学学者之一。——编者

系统是新事物，互相连接的资本主义经济撑起的整个星球都是新的，发达经济下的城市劳动力对知识和信息的处理也是新的，城市的人口是新的，苏联的寿终正寝、共产主义的逐渐消退和冷战的结束都是新事物；亚太地区在全球经济中作为一个平等的伙伴出现也是新事物；宗法制国家受到的广泛挑战是新事物；保护生态的普遍觉悟也是新事物；基于空间流动和无时间序列的网络社会的出现，从历史的观点看也是新事物。

他喘了一口气接着说："**然而，这不是我要说的观点**。我的主要观点是，不管你是否相信这个世界或其未来是新的，我要分析的是这个世界本身。这是我们的世界，是一个信息时代的世界。"

由此看来，本书的分析框架大致也是如此，但是还差一些重要事项——技术、社会和文化的关系。这个话题比较新潮，但是我的重要观点之一在于，如果我们不认真考虑信息社会，就不可能理解目前的情形，我们必须将其视为定义相对明确的历史产物——这个观点在信息社会受到了严重的攻击，让人误以为通过模仿或复制就可以从历史中学习。因此，下一章要谈论文化的历史以及从信息技术社会获得的一系列快照，借以揭示通往现在的一些路径。如果有些读者比较性急，愿意阅读速度、发展和堆垛的相关章节，了解这些对你我的意义，也可以直接跳过下一章，当然于我而言就事与愿违了，因为这说明我还是没把问题的原因说清楚，这当然有点令人沮丧。

第三章
印刷机才是灾难起源:书本、时钟和货币的时代

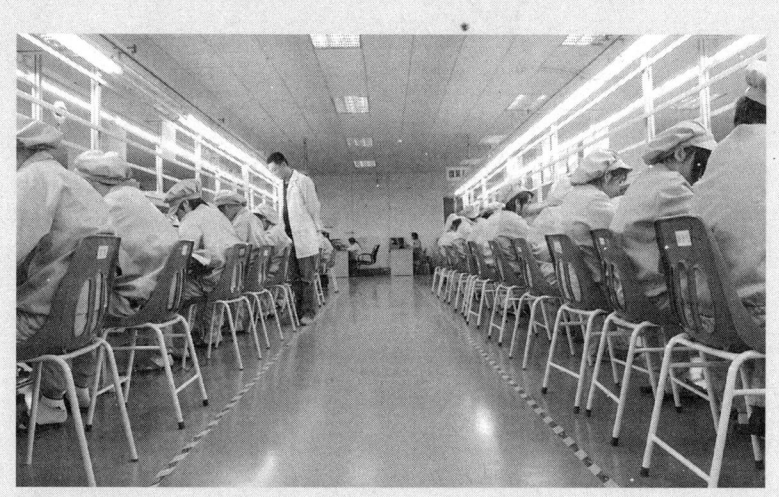

如果把大自然的进化史压缩到 24 个小时，包括从第一个单细胞生物到当今结构学上的人类的进化过程，那么人类只是在午夜 12 点的前 5 秒钟才出场。农业革命似乎在午夜前 1.5 秒才登场。那么互联网呢？只能忽略不计了。

如果这个视角让人眼花缭乱，或许我们可以忘记三叶虫和雷龙，只把人类的历史范围看做一天一夜。用 24 小时代表 10 万年。当前考古学者倾向于认为现代智人比较古老，而他们的近亲则更古老。那样的话，西亚农业的首次亮相，大约是在晚上的 9 点半。大约 1 小时之后，出现了最早的楔形文字。德国古腾宝印刷机大约在午夜 12 时差 8 分出现，而欧洲战士与冒险家征服美洲则在几秒钟之后。电话和流水线生产几乎只有一分半钟的历史，而电视与商用空中运输则只有 30 秒的年龄。那么因特网呢？也只能忽略不计了。

从文化历史的视角来看，如果整个过程是一个故事，农业就是一个脚注，而现代性则是脚注里的补充说明。人类历史有 90% 以上的时间是狩猎采集阶段，在工业和信息社会显著发展之前的几百年内，农业和园艺业逐步取代了采集狩猎，即使在与外界隔离的边远地区——北极荒漠、澳洲荒原和中非的雨林，人口密度也在快速增长。

大型分水岭在技术史上的时间差距已经日益减小。在使书籍普遍化的印刷机出现之前，书写方式已经存在了 4500 年。印刷术使用了 500 年之后，遭遇了电子文本的挑战；无线电广播流行数十年之后，就把主导地位让给了电视，因为后者能够提供更合适的产品。同样，人背马驮的历史已经延续了 5000 年，直到被内燃机驱动的汽车代替——罗马时代的旅行者如果在 1890 年参观皮卡迪利广场，应该不会为城市新发明的交通技术感到震撼——但是如果看到 20 年之后的飞机，定会目瞪口呆。

出版业的模式与产品更新速度之快，使得任何生产商都不愿意在最新的模式面世之前就规划下一个模型。理论上讲，任何产品在上架之后最终都会过时（在计算机领域，这更频繁地发生）。

要描述最近10年、100年、200年或者1万年的文化史，只需屈指算算人类创造的世界具有多大的中心范围。这个视角是当前整个分析的基础。然而，在考虑加速度及其效果之前，我们应该观察自己生活形式的主要特点，当然我是指现代社会。我认为，不需要对历史分期——现代社会或文化究竟何时开始——进行复杂的讨论，只需对现代社会与非现代社会进行简单的对比。学术界的人不喜欢这样做，理由如下：不仅现代性是一个相当麻烦的词语，并对赖以谋生的学术界人士产生了副作用，而且非现代社会也各有差别。换句话说，当有人要着手做我将要做的事情时，需要面对几个学术团体的反对。作为防御，我要强调下面这些描述在一般层面上是正确的，能够从具体到抽象，清楚地说明文化史的方向。这很重要，当一个默默无闻的苏美尔天才发现身体符号可以代表口头语言时，专横的时间就成了漫长历史的最终产品。他会让语言摆脱说话者的束缚。

3.1 写在白纸上的文明拐点

在说话和视觉艺术之后，书写代表着信息时代的主要转折点。任何人在给文化史罗列重要发明的时候，都会将书写排列在前面。自然，如果没有这项技术，我们的社会类别将会无法想象。甚至我们可能不是一样的人类。

书写作为一种工具，是思想、事实、论断和情感的外在化表现。它几乎采用与博物馆定格文化同样的方式，冻结了这一切。在四五千年前的西方农业社会，书写主要有两种用途：列表和宗教信仰。列表主要是记录库存、登记居民户口（为了征税和征兵）、清点粮食袋数和奴隶的数量。因此，统治者可以采用一种完全不同的全盘视角鸟瞰自己的帝国。若没有书写技术就不可能做到这一点。最终，读写能力扩展到了算数，并且，有人认为古代地中海世界中腓尼基人熟练的簿记，是他们为贸易带来的传奇礼物。

宗教信仰最初对书写的使用分为两方面：首先，书写本身具有巫术的成分，刻在石头上的咒语往往会在仪式中使用。有文化的人经常被人们赋

第三章　印刷机才是灾难起源：书本、时钟和货币的时代

予超自然的能力，就像对待铁匠一样（现在的报纸有时也会给网页设计师一个"技术奇才"的头衔）。其次，书写具有记录和定格作用，因而会被授予神秘性和道德准则。这样，书写也是现代宗教的基础，有时候谈到圣经时，会说圣经上的每一个字都是真实的，准确地描述了上帝造人、拯救堕落的人类并最终使人进入天国等等。

至少在世界上三个地方——也可能在四个地方——独立地发展出了书写技术：西亚、中美洲和中国，可能还有埃及。除了中文和相关的手稿之外，旧大陆所有的文字手稿——从阿拉伯语、希伯来语、古印度梵文到埃塞俄比亚的阿姆哈拉语——都可以追溯到楔形文字。不过，最早的象形文字适用范围有限，学起来也比较困难。最终，字母代替了文字家族——严格来讲，起初是代表音节的字音表，最终代表音素的符号普遍流行。然而，语音与书写永远无法完美的匹配，尽管许多受过教育的人都想使两者完美结合。有些手稿只有辅音，阅读者需要自己添加元音。即使把重读音节也计算在内，大部分西欧语言的语音还是优于书写。书写与拼读不同，而书面语又会影响口语。

腓尼基字母是最古老的字母系统之一，公元前8世纪希腊就开始输入并采用腓尼基字母。换句话说，希腊文的创作至少使用过一种脚本，他们在采纳新字母表之前，数百年内一直是目不识丁。已有的记载古希腊文明第一阶段的文本和碎片，清晰地反映这一中间时期的创造。例如，美索不达米亚史诗《吉尔伽美什》、最古老的《圣经》以及荷马史诗，都有口头形态的成分。这些书籍的基础，是在写作之前一代一代口传相承的故事。与公元前6世纪开始的古典哲学相比，这些东西完全不同。在诸如泰利斯（Thales）、巴门尼德（Parmenides）和赫拉克利特（Heraclitus）之类的哲学家那里，书写首次作为思想的转化器形成。到了古希腊哲学成熟时期，特别是在柏拉图和亚里士多德时代（公元前5世纪—前4世纪），不用书写就能明确表达观点简直是不可想象的事情。柏拉图的对话和亚里士多德的论述，包含了逻辑连贯性、冗长的推理链、清楚的定义和有关语言词汇的讨论，这一切的前提是概念与目标之间清楚的差别。换句话说，语言脱离了言语活动，得到了具体化和形象化。人们可以在文本中反复核查作者的写作文字，挑剔地评论作者的观点，有空闲时还可以检查其推理的逻辑

连贯性。在亚里士多德的著作中表现的逻辑原则，很难在口语文化中形成。然而在亚里士多德的时代，还没有关于标点符号和字词空格的惯例。

人们常常把从神话到哲学思想的转变称为"古希腊的奇迹"。在神话思维中，言语行为、语言概念和外在现实性是统一的，而哲学在这三个方面进行了区分，因而可以批判地讨论语言与世界的关系。

写作促使知识的积累式发展成为可能，这意味着人们获得了书写技术，就可以直接地获得他人已经写过的东西。人们之间不再依赖于面对面的交流。他们可以采用物质和凝固的形式，把自己的思想和发现留给后辈子孙。人类知识总量的增加，就是书写的结果，这将在后面的章节中讨论。在13世纪，阿奎那（Thomas Aquinas）花费一生的时光，试图调和两种重要的文本——《圣经》与亚里士多德哲学，当时已经将这两者视为古老的东西。公元6世纪，前往黑海地区旅行的探险家，把自己观察到的东西与公元前5世纪时希罗多德（Herodoto）的描述进行比较。数学家和科学家在开发新的见解时，可以把欧几里得几何学与阿基米德作为出发点。

书写可以使我们稳固地站在已故远祖的肩膀上，同时也为思想提供了一副拐杖，能够削弱记忆力。当人们浏览书写的文稿时，就不再单纯依靠记忆了。如果将此作为一般原则，对于信息社会人类精神的命运而言，这种洞见是一个不祥的预兆。

在无教化的社会（non-literate society）中，口传宗教一般能够传承几个重要的神话，但是口语传播的范围有限，这决定了宗教信仰的扩散程度，因而也就没有一套固定的教义需要遵守。相反，在有教化的社会（literate society）中，成文的宗教（常常有具体的宗教文本）从理论上讲不受地域的限制，还有一套教规和原则，并有权修改神话和故事的版本。一般来说，这种宗教流行于阿拉伯半岛和摩洛哥（当然事实远没有这么简单，当地的情况往往是两种宗教互相碰撞，口传宗教永远也不会完全消亡）。源于西亚的三大宗教都具有这些特点，他们不可能与非洲的宗教共享单一的传统。

此外，无教化的社会有一套建立在习俗与传统基础之上的评判体系，而有教化的社会则有立法体系。无教化社会的道德取决于个人之间的关系——它能嵌入个体间的具体关系中；而在理论上讲，有教化社会的道德尊重法律，也就是说，它已经嵌入成文的法律之中。在我们现在的这一类社会中，即使父母与子女的关系，也要受到成文法律的调整。

在无教化的社会中，知识传递的路径是从嘴巴到耳朵，每个人被迫训练自己的记忆力。当某些社会成员还活着，他以特定的方式保存的整个知识库，可供人们需要时使用。当这些成员离世后，知识的净亏损就相当大了。后面的章节中，我会在当代社会加速变迁的背景下讨论"年轻崇拜"现象。鄙视老年人而崇拜年轻人的原因，明显与老年人去世后老知识并没有失去的事实有关——他们的智慧在快速流动的社会中，是一件交换价值日益减少的商品。

大部分无教化的社会都在亲属关系的基础上组织起来，而有教化的社会倾向于成为国家，其中的社区是一个抽象的思想意识，比如民族主义在功能上就是隐喻的亲属关系。在某些非国家社会中，部分宗教典籍在历史上也是按照这种方式产生。

细心的读者可能会发现，我在这里将社会的类别简化到了极致，把古希腊的城邦与现代的民族国家并列在有教化的社会中。而在谈论无教化的社会时，也采用了同样模糊的方式。这没什么问题，对于那些有兴趣更详细了解的人来说，还有很多有关教化与口承的专业文献，采用了历史和比较的分析视角。许多社会呈现出混杂的形式，可以被归入教化与口承之间的灰色地带。有些社会使用书写技术的程度很有限，而另一些社会是为了其他目的使用书写技术，而不是激励人们批判地科学地思考（例如宗教的规条强调对核心文本机械的学习），欧洲社会有很多是在19世纪才完全成为有教化的社会。这些详细情况对于研究固然很重要，但在分析本书的问题时关联性不大。此背景下的重要问题是历史发展的总趋势，以及在分析我们自身的社会类别时，这种描绘能在多大程度上提供相关的背景。

从政治层面上来看，总的趋势是无教化的社会呈现权力分散和平等的特点，首领的政治地位可以继承。相反，有教化的社会呈现权力高度集中的特征，具有职业的管理层，原则上官职的产生必须遵循一套正式的规则。较之于无教化的社会，一般来说，有教化的社会不管是在地理空间还是在人口数量方面，都要大得多。在无教化的社会中，人们讲述的神话往往离不开他们是谁和来自哪里；在有教化的社会中，官方编纂的历史起着同样的功能，但其基础是档案和其他书面材料。

一个社会若是建立在亲密人际关系、记忆、地方宗教和口传神话的基础上，我们可以称之为"**具体的社会**"；如果一个社会建立的基础是正式的立法、档案、有典籍的宗教和成文史，我们可以称其为"**抽象的社会**"。现在可以清楚地看到，在具体社会向抽象社会的转变过程中，书写是一门非常重要的工具。除了书写之外，我还要提到另外四种技术革新，他们具有现代社会独有的特性，这是信息社会的先决条件。

3.2 刻在表盘上的时间片段

最初，时钟用来调节祈祷的时间；那么，现在的时钟调节什么呢？欧洲中世纪发明的时钟可能与修道院的祈祷有关。（伊斯兰教报告祈祷时间的人与基督教堂的钟声，都是当代的提醒方式，履行了最初计时技术的功能。）日历比书写更古老，也在更多的地方独立地发展。然而在非现代社会，一般来说，日历无法成为科学家制订五年规划、个人记录日程表和最后期限的技术性辅助手段，但与季节、仪式周期、天文学和农业年份联系紧密。与日历相比，时钟更准确，也划分得更细微。时钟测量时间的方法，是将其分割成可以计量的片段。尽管时钟最初是用来履行宗教的功能，但很快就扩展到了其他的活动领域。荷兰思想家格劳修斯（Hugo Grotius,1583—1645）明确表达过的一条道德准则，可以用来说明这一点。格劳修斯对政治哲学贡献卓著，有时候他被列为第一个反对道德原则与宗教相背离的现代欧洲人，他提出了很有名的一句话："守时就是美德。"（后来富兰克林将其提炼为"时间就是金钱"）

时钟将时间具体化，这与书写将语言具体化的方式一样。时间成了独立存在的人类经验，成为一些可测量的具体事物。这绝对不是传统社会的事情，传统社会居民的日常生活是在事件驱动的时间结构之中。事件调节时间的流逝，而不是倒过来用时间调节事件。假如一位旅行者或民族志学者前往一个非洲村庄，当他询问某件事何时发生时，答案可能会是"当一切准备好时"，而不会出现别的回答，比如"五点差一刻"。但是，现在却没有清晰的区分。甚至在时钟与时间表已经使用很久的社会中，这两样东西也可能与人们的日常生活没有直接的联系。我的一个同事在爪哇岛的乡村从事田野调查，有一天他想要乘坐火车到邻近的市镇。因此，他向一位当地人询问火车何时到达。那个人用令人迷惑的眼神看了他一眼，用手指着火车轨道说："火车从那个方向来，在这里停一会儿，然后继续向另一个方向开去。"

钟点把时间变成了一个自主的实体，这是一些独立存在的事件。在我们的脑海中，一小时可能是以一种抽象的方式存在，是一个可以填充任何事物的中空体。因此，可以把钟点界定为"空的、被量化的时间"。与长度单位"米"和容积单位"升"一样，钟点也可以被切割成精确的片段。对每个人而言，这些预设的实体是完全一样的事物，不管是在什么地方或什么时候，都认同这些标准。生活在我们这个社会中的每一个人，自从他出生开始，就要签署一份合同，向钟表和日历的时间提交自己毕生的信任。（有时候这份合约还具有可操作性。比如，我那三岁的儿子总是强调，星期天是天线宝宝的时间，他可以和小妹妹在家无法无天地玩耍，而如果是星期二，他就要老老实实地去上幼儿园。）

在当前的背景下，钟表时间的两个方面尤其重要：首先，它把时间变成了一个准确、客观又抽象的实体，能够约束个人体验的时间的流动与衰落——因此这类时间流逝的速度总在变化。众所周知，5分钟可以表示很多意思，从一会儿到毕生之久，都可以用它来表示。对于专横的时间，哲学家已经发起过猛烈的批判，其中柏格森[①]无疑是最有代表性的人物。在两次世界大战期间，柏格森是当时全世界最有名的知识分子，1928年他获得了诺贝尔文学奖。柏格森在1889年完成的博士论文《时间与自由意志》中，严厉地批评了量化又空洞的时间，认为它从外面调控我们，而不是让手头的任务从内部填充时间。

其次，每个被带入了时钟魔圈中的人，都认可钟表时间的同一性。当我们说晚上八点一刻时，每个人都能明白其含义是什么。大家都晓得应该何时打开电视观看特别的节目，虽然每个人独自分开居住，但却可以同时做同一件事。当某人打开电视时，这个特定的节目已经开始了，这不是因

[①] 亨利·柏格森（Henri Bergson,1859—1941），法国哲学家，在20世纪前50年影响力尤其大。他相信，在对现实的理解上，直接经验和直觉比理性主义和科学更重要。——编者

为电视台没有坚守承诺，而是电视观众的时钟出了问题。（电视采用了相当强的同步技术，在20世纪后半叶的国家建构中起了重要的作用，有趣的是，电视从单频道变为多频道，时钟恰恰按照相反的方式工作。后面还会对此详细讨论。）工厂中复杂生产的协作和办公室环境也是如此，从公共交通到电影戏剧表演，如果没有时钟，任何事物都将不可想象。

钟表计量时间就像温度计测量温度。如果可以用温度计测量气温，当测量者获得了准确的度数时，仅仅说"感觉冷"就无法让人接受。假如温度计显示的温度高于20摄氏度，那显然该挨骂的不是当时的气温，反倒是那个测量者，虽然曾经的人们会咒骂气温。

3.3 藏在钱夹里的抽象社会

货币、书写和时钟属于同一个信息技术的家族。另外一种比温度计更重要的技术是货币的发明，它将追随者和受害者拉往同一个方向。传统社会存在语言与时间的观念，但没有书写和时钟。同样，任何社会都有类似货币的工具，但是我们现在的货币，作为"一般用途的货币"，是最近才有的事物，一直以来受到文化的限制。货币作为支付、衡量价值和交换的手段，相当于时钟对于时间和书写对于语言的作用。这些技术使事务的处理抽象化，并在一个大的领域内提出了标准的网格（最终使整个世界网格化）。它们将单个的、常规的处理纳入到一个无形的抽象之伞下。

在各种传统社会里，贝壳货币、金币和其他小的贵重物品早已通行。或许，使用它们作为价值标准，可以让不同的商品相互比较——比如，1袋粮食等于1个金币，1只山羊等于半个金币，因此，就可以先把1袋粮食分成相等的两份，再拿其中半袋换1只山羊。货币也可以作为交换的手段，例如使用1个金币购买2只山羊。货币甚至可以作为支付的手段——比如，某人杀了他的邻居，可以用三个金币作为补偿，赔给寡妇和孩子。然而，与传统社会相比，现代货币是一种更加强大的技术。首先，它具有普遍的适用范围。也许，列侬（Lennon）和麦卡特尼（McCartney）认为爱情不是一件可以销售的商品（当然很容易找到一些愤世嫉俗的社会学家，他们的观点恰恰与此相反），但是总的来说，货币的功能就是作为支付和交换的一般等价物。西非的梭螺在离开特定区域之后就没有价值，即使在特定范围之内，也只能购买某些商品和服务。在一个拥有几百万居民的国家，具有一般用途的货币是一种法定货币，只要我们所属的国家可以自由兑换货币，这种货币在全世界都可以有效地使用。作为信息技术之一，货币有助于世界的创造，哪怕这只是以人类的方式整合而成的世界。货币使得全世界的工资和购买力可以互相比较，例如，新几内亚的 1 吨芋头可以与台湾地区的电子产品进行交换，货币成了世界经济的必要媒介。在许多社会中，交易和贸易依赖于信任及买卖双方的人际关系，我们熟悉的抽象与一般的货币，意味着经济交换的外在化。只要大家认可纸钞的经济价值，我就无需知道我的债权人和债务人。随着近年来货币进入虚拟空间，几乎在世界各地，和纸钞类似的塑料卡片都可以用于经济交换，货币就变得更加抽象了。

3.4 标在五线谱上的乐曲声音

与书写、数字、时钟和货币一样，乐谱担当了同样的工作。现在我要谈的最后一个实例是乐谱。我们了解的大部分（可能是全部）社会，都有一定类别的音乐，但是乐谱的发明却有好几次，比如 9 世纪的欧洲、10 世纪的中国与日本。然而，只有欧洲是在一开始就把乐谱的表达目标定为沟通音乐内容的一门具有整体象征性的语言。最初，基本的音符只有升调和降调。后来变得越来越精确，到了 11 世纪，意大利阿雷佐的圭多（Guido）引入五线谱，使得特定音程的标记成为可能。同一时期，音符体系获得了标准化，并引入象征符号，用来描述音调的持续时间。在 16 世纪初，全世界大部分地方的人都已经熟悉五线谱。

本文与乐谱的几个方面有关。首先，乐谱与音乐就像书写语言的关系。乐谱能使乐曲与表演者互相分离，也使得音乐的储存不再依赖于人，对于单个演奏者而言，他无需与其他演奏者接触，就可以学会一首乐曲。只有用书面形式描绘的音乐，才可能不断传播。在口语中，那些意义含糊的表述没法通过文本传递；同样，音乐亦是如此（情感与速度是其中的两方面）。其次，乐谱对于音乐的固定作用，就像历史对于神话以及时钟对于时间变量的固定作用。在一些欧洲国家，民俗音乐已经演化了数百年，到了民族浪漫主义时期，人们突然采用凝固的形式抄写和保存这些音乐。因此，现在演奏的乐谱在过去同样演奏过，比如说19世纪中期。第三，与其他条件相比，乐谱依赖的条件具有另一类复杂性。比如，在同一时期复调音乐得到了发展，而这种创新的音乐只可能出现在欧洲。如果没有精确的乐谱体系，就既不会有巴赫（Bach）赋格曲①的平均律，也不会有贝多芬交响曲的多声部。在经历了数百年的波动变化之后，A440音调②最终在1939年得以确定。它在音乐界的地位，可与金本位相媲美，就像格林尼治时间和巴黎的量杆一样。对于所有的人来讲，这个共享的、抽象的标准可以一直有效。

社会变得日益抽象。书写技术的普及促进了语言的标准化。时钟的技术促成了时间单位的标准化，使庞大的人口可以做到同步行动。需要精确协调动作的人数越多，采纳新标准的区域范围就越广。1841年6月，大西部铁路最后一截延伸段正式开通时，布里斯托尔与伦敦存在10分钟的时差。当时，两个城市的居民还不需要保持精确的同步性。随着铁路的开通，以及之后10年内电报的开通，两个城市对同步性的需求就凸显出来了。铁路开通后，伦敦到布里斯托尔的旅行时间，从原来的24小时减少到了4小时；但是，电报开通后，急电的派送时间几乎减少到零。

当前，全球通行的24小时制建立于1884年。在此之前，各地时区的混乱造成了时间变换的困难。多年来人们一直呼吁制定一个的共同标准，直到华盛顿会议召开之后，国际座谈小组才最终达成了一致的意见。

从亲属关系到国家认同，从习俗到立法，从"货贝"或相似的物品到一般用途的货币，从主观化的乐曲到乐谱，从地方信仰到成文宗教，从取决于个人的道德到普世性道义，从记忆到档案，从神话到历史，从以事件计时到时钟，这些转变都指出了一个同样的方向：从一个以具体社会关系和实践知识为基础的小规模社会，转向一个以抽象立法体系和逻辑科学知识为基础的大规模社会。

在社会和历史科学中，这方面的比较一度盛行，但现在已经过时。

---

① 赋格曲，复调乐曲的一种形式。建立在模仿的对位基础上，从16-17世纪的经文歌和器乐里切尔卡中演变而成。——编者
② A440是440赫兹的声音音调，西方音乐上，此音为标准音高。西方乐理中，A440乃是中央C上方的A音符。——编者

当前，大部分学者专注于探索单个社会的特质，而不是研究社会的普遍原理。自然，其中有很多充分的理由。事实上，现代社会同样存在着传统的知识形式。例如，裙带关系、过时的宗教观念、相信一些非特定的"精灵"（比如不从楼梯底下行走、在家里不能打开雨伞）、直觉和无意识的创造，在现代社会中依然存在，和传统社会一样。至于亲属关系和取决于个人的道德则更不用说了。（就我个人的著作来说，其中有很多研究讨论的是现代现象，与亲属或种族性具有共同的特点，另外我写过一本小册子谈论神话与历史问题。）因此，反对这种宏伟的普遍原理是有根据的，但只有坚持使用放大镜才可能真正实行。若将遥远的美拉尼西亚村庄与曼哈顿都市的生活进行比较，我相信可以确定几个维度，从而区分出它们的主要差别。

另外两个历史性变化是印刷术和工业革命，这两者对于思想和生活方式都有重要的意义，需要在最后详加分析。

3.5 印刷机里的信息蔓延

在印刷时代（从 1400 年到 1468 年使用古腾堡活版技术期间）之前，许多社会开始出现受过教育的人，但是分布不是特别广泛。其原因多种多样，但最主要是因为一本书的价钱相当于一小块土地。当时的书籍主要是由和尚用手抄写，除此之外就依靠职业的抄写员。古腾堡发明的活版印刷，可以说是近两千年以来最重要的发明，在此之后，书籍的价格就大幅下降了。1455 年，古腾堡印刷了最著名的 42 行《圣经》。然而，实际上当时书籍的价格依然不便宜。古腾堡印刷的《圣经》售价为 30 荷兰盾，而当时一名普通工人的年薪只有 10 荷兰盾。之后的几十年，新技术的传播很快就覆盖了欧洲的中心地区，书籍逐步开始变得廉价。1476 年，卡克斯顿（WilliamCaxton）在英国创立了第一家印刷店。卡克斯顿身兼数职，既是印刷工与编辑，也是业务员和发行人（这种结合方式在 19 世纪也很普遍），他为英文正字法和语法的标准化做出了不小的贡献。印刷也使其他国家的标准化成为可能，同时有利于获得本国语言编写的书籍，减少了拉丁语的适用程度，较之于以往少数熟悉拉丁语的精英群体，市场大了很多。对于晚近新科学、哲学和文学的涌现，印刷术是一个至关重要的因素。同样，对于欧洲城市里公民社会的建造和大众教育而言，印刷业也很重要，其产生的后果是古腾堡永远不可能预见到的——他的主要理想似乎是印刷《圣经》和偿还债务。

印刷业的特质有助于信息的惊人发展，在标准化方面也做出了贡献。廉价的印装书对于语言及世界观的标准化贡献良多。从奥格斯堡到不来梅，整个中产阶级都可以收听到同样的广播，而且采用的是同一种语言。因此，国家公共领域首次出现，包括同样的作者、同样的政治与神学问题、同样的哲学和地理科学新事物。印刷业对于民主和民族主义的发展如此重要，以至于安德森在他的著作《想象的共同体》(*Imagined Communities*)中认为，当民族主义出现在历史舞台上时，印刷业扮演了主要的角色。如果没有印刷业的生产与销售体系，我们很难明白居住在马赛市区的人如何与里尔的市民具有共同的道义感情。若把印刷作为产生抽象社区的技术装置，那些素未谋面的人就在印刷王国中结成了一体，能够产生共同的感受。当然，我们要考虑的根本问题是：如果印刷业留下了民族主义和民主的遗产，那么互联网和数字卫星电视会给我们带来什么呢？

在印刷技术出现之后，读写能力真正得到普及还需要一段很长的时间。在莎士比亚时代，英国与威尔士约有十分之一的人口接受过教育。现在甚至没有任何国家的文盲率会高于这个比例。即使在保守的宗法社会里，妇女接受教育的比率也高于莎士比亚时代城市居民的受教育率。

印刷技术和初等教育的普及，以及诸如报纸杂志（包括以按月摊付方式出版的书籍）之类的大众媒体，真正把普通人的思想拽入了新的抽象社会。这类社会由许许多多的人组成，他们组成了一部大型的机器，在生产过程中最终可以被其他人轻而易举地替代。他们的知识与技能并非独一无二，而是标准化的模式，因而可与其他人的知识技能相比较。伴随着19世纪的工业革命，这种可能性首次成为现实。

3.6 流水线上的产品模板

传统工艺直接从师父传给徒弟，然而工厂生产程序的标准化却是如此之高，以至于理想化状态下仅仅需要少量的一般技能。（同样，官僚阶层的产生几乎也遵循相同的模式,杜伦大学或苏塞克斯大学①的毕业生,在从政时几乎没什么差别。)早期的社会学家,从马克思到涂尔干(Durkheim),都注意到工厂将生产过程裂解成了不同的部分,每一个工人只承担整个生产过程的一小部分。在19世纪,不仅仅是马克思,还有很多观察家都对此提出了批评,认为这会导致异化的结果。这在福特发明生产传送带前一两代就出现了,随后情况日益恶化。当然也有好的一面,例如书籍和工业产品变得更便宜,也更容易获得。

工业生产不仅使各项工序可以同时进行,也使产品标准化。比如,一张小型磁盘与其他磁盘的构造和模型一样,假如它与众不同,反而是因为它存在缺陷。相反,在手工艺生产的社会中,每个产品都需要单独制作,而且独一无二。

计时器和工厂的时钟都属于工业生产模式。因此,从乡间的修道院到大规模的工业社会,精密计时器都可以发挥同样的作用。

现代社会的特征是其独特的复杂性。这并不是只有唯一的可能性。印度种姓社会和澳大利亚人传统的世界观,分别代表了社会复杂性与文化复杂性的两类实例。然而,在20世纪后半叶,现代性具有独特的位置,在它即将普及化之前,还具有霸权特征。现代性让芸芸众生被同步化和标准化,成为一部庞大机器上的一颗颗小齿轮。现代性按照一个共同的机械化时间结构,为经济交易提供一个全球性媒介,在共享的理论科学基础上,不断推进生产和破坏的技术。现代性将千千万万的思想与行动协调在一起,这在非现代社会中,既不可知也难以想象。时间、语言、经济、记忆、道德和知识的形象化,使得特定的个体成为多余。而且,它为一个几乎无限的复杂社会奠定了基础。通过这个简单的公分母,可以将数百万新人不断吸进这个系统,而不需要改变自身的特征或使社会重组。

3.7 发展的标尺

线性时间不是问题的组成部分。我尚未提及**对发展的信念**。从某种程

---

① 杜伦大学(Durham University)位于英国杜伦市区附近的一个小城镇,苏塞克斯大学(The University of Sussex)位于英国南部布莱顿镇附近,两所大学皆为英国享有盛誉的大学。——编者

度上说，这是现代性的典范，许多人——包括悲观主义者和乐天派——都相信我们已经开启了一个真正的后现代时期，因为对发展的普遍信念似乎正在消失。在现代社会的合法化过程中，认为历史变迁向着特定方向推进的观念尤其重要。知识、技术、道德和生活标准——所有这些都可以看做是进步。当今的数码产品优于往日的电子产品，20世纪哲学家的理解远比18世纪时更深刻。如果把所有的事情都考虑进去，当今的人类要比以前舒适得多。如果最后这个假设不正确，适当的矫正能对发展更具有信心，譬如对存在竞争的标签（比如社会主义）来说可能就是如此。

在对发展的信心方面，线性时间是一个重要的维度。后面将会谈到，在产生专横的时间方面，线性时间的失败是一个关键的因素。现在，线性时间并非时钟与日历的必然后果。实际上，时钟记录的是暂时的时间，只能持续12或24个小时。或许，有些读者还记得一个关于有毛病的时钟的笑话，它们并非一文不值：一天至少有两次没有问题。相反，给年份和日期编号的日历一直向前推进，但我们知道的大多数传统日历——从泰国到中美洲——都已经涉及周期性仪式的纪年法，而没有涉及历史变化。时钟、印刷术、科学、工程学、工业生产和资本主义共同构成文化包装，并对发展产生信心。这是一种强有力的包装。然而，我们中间有很多人却有一种不愉快的感受，觉得有一些事情将恶化。世界并非必然变得更好、更公正、更人道和更容易控制，或者事情并不一定朝着任何特定的方向发展。这种感觉不是由线性时间造成的，而是由对时间的感知造成——感觉时间不再完全是线性的。至于在时间不再存在之前，关于人们可把时间分成多少个碎片还有很多的限制。现存的时间以单一的、狂热的和歇斯底里的时刻存在，而且还在持续地发生改变，但只是指向下一个时刻而已，并没有指向任何更进一步的未来。具有讽刺意味的是，促进线性时间发展并对进步产生信心的力量，在发展的某个特定阶段可能会导致完全相反的结果。

现代社会试图让每个人都更有效率并收获更多，同时加速变迁的内在过程，并使其标准化和一体化，这些事实最终带来了本书所讨论的问题。当今的变化如此之快，以至于不太可能被理性地叙述出来。而且，当一些事情总是在发生，事实上就什么也没有发生。引起这种矛盾处境的主要因素是速度，这是我们现在需要面对的事实。

第四章

速度是种传染病

> 这些天一切都变动得很快
> 不仅仅是时间和到美国的飞机
> 也不仅仅是汽车、火车和轮船
> 还有音乐
> 日本人在录制贝多芬第五交响乐的唱片时
> 已经把时间减少了四分十五秒
> 这些都是快节奏的方式

上面引用了挪威很受欢迎的诗人兼表演家波勒增（Odd Börretzen）的一首小诗。他用幽默诙谐的语调提到了日本的乐队演奏，但讽刺诗与现实相比，有时候显得苍白无力。奥斯陆国家剧院一位资深的歌剧首席女主角回忆，她参加演出的易卜生名剧《罗斯莫庄》（*Rosmersholm*）整整持续4个小时。从1998年开始，这部戏剧的舞台表演时间却只有118分钟。而在舞台对话方面，并没有任何大的删减或砍削。

波勒增提到贝多芬是比较奇怪的，同样1995年以来，昆德拉（Milan Kundera）在他那本漂亮的短篇小说《迟缓》中亦是如此。在昆德拉讲述的故事中，有一个具有关键特征的场景，一位捷克籍的科学家，坐在旅馆的房间里，边看着快速更替的新闻报道，边仔细考虑下面这些问题：没有任何特定的次序，也没有能够支配一切的叙述方式，新的碎片如何替换旧的碎片；如果把历史看做一幅挂毯，要将这些一闪而过的新闻碎片编织进去，显然是不太可能的事情；每条一闪而过的新闻出现的时候，总是那样急促和焦躁，因为下一块新闻碎片已经迫不及待登场。他认为当代的历史也是按照这样的方式来叙述，就像管弦乐队连续演奏贝多芬的138首作品，但是每一首只演奏前面的8小节。他推测未来10年，管弦乐队可能就只演奏每一首曲子的第一个音符了——共 138 个音符。他认为再过 20 年，乐队演奏贝多芬的乐曲，全部加在一起可能只是一长串的嘈杂音，就像贝多芬失聪第一天所听到的声音。

昆德拉与贝多芬都没有错。一切事情似乎越来越快。2000 年 5 月一个相对宁静的早晨，我坐在桌旁，匆匆记下本书的一些注释和片段，但被 3 封同时抵达的邮件打断，内容一样并且都标记了小红旗（表示优先级别高）。随后秘书亲自来访，实际上她过去只是从外面的走廊经过，她敲了门之后进来告诉我，政府警告居民即将面临危险。当我们可以收发电子邮件之后，几乎很难再看到秘书，因此我们立刻明白了当时局势的严峻程度。

现在，这种不同寻常又引人注目的行为，既不是火灾、大罢工和军队的政变，也不是大学雇员为抵制腐朽制度而自动发起且不断升级的自杀风波，而是安装在计算机硬盘上的小小程序——计算机病毒！比如，通过电子邮件附件发送的"爱虫"病毒，包含了一份言辞恳切的请求，要收信人打开附件"我给你的情书"。如果收信人按要求操作——实际上大部分人都会这样做，这完全可以理解，因为邮件正文承诺这是无条件的爱情宣言——"爱虫"病毒就会开始删除文件，把计算机中的资料搞得乱七八糟，然后通过收信人电子邮箱的通信录，继续发送电子邮件给那些无辜的计算机用户。在午餐前，很多同事都收到了带有"爱虫"病毒的邮件，而且邮件的来源广泛，许多人反复接收到两三次邮件。

5 月 3 日周三晚上，绰号"爱虫"的病毒首次在香港出现。当天再晚一些时候（美国是周三早晨），美国人起床打开计算机后，"爱虫"病毒开始扩散到全世界，其传播速度非常惊人。接下来的几天，爱虫病毒占领了其他许多地方——在哥德堡大学、奥斯陆周刊和挪威国际研究所，并且在周四早上，从我计算机中的三个地方蔓延到整台计算机。当人们在周四下班回家时，反病毒的公司已经开发出了急救程序，并且上传到互联网供计算机用户自由获取。从一开始"爱虫"病毒就具有致命性和传染性（而其他病毒在变成致命性病毒之前，多年内只处于局部地区，比如黑死病），并且整个传染过程持续了不到三天。在此期间，美国估计有七八成的计算机染上此病毒，只是程度有深有浅。周四晚上，美国有线电视新闻网报道，尽管北欧图片社防范森严，但还是被"爱虫"病毒侵袭，丢失了 4500 张新闻图片。

短短一两天之内，具有传染性的爱虫病毒扩散到了全世界，带来了突如其来的后果，紧接着全世界新闻媒体都发出了警告信息。一周之后，病毒的制造者被菲律宾警方逮捕。

人们不禁会把欧洲历史上更早期的主要传染病与"爱虫"病毒进行比较。其中，最有名且后果最严重的莫过于黑死病（主要流行于1347—1351年）。这种传染病使欧洲大部分地区出现大面积死亡和政治分裂，持续几年之后于1349年传播到了挪威西南部的卑尔根市，次年抵达波罗的海大陆地区。尽管黑死病极具传染性，但是从西西里岛传播到里加还是花了3年的工夫。除了与欧洲毗邻的地域（西亚与北非），在欧洲以外没有其他地方感染黑死病。实际上，公元530年的大瘟疫更具全球性——这场瘟疫始于东非，给中国、阿拉伯半岛和欧洲带来了浩劫。它的扩散速度与800年之后的黑死病旗鼓相当。不管是公元6世纪还是14世纪的瘟疫，无论地域空间相隔多远，这些病毒都能很快被消除。

4.1 风驰电掣的历史

我们的历史是一部加速度的历史。有很多可用的理论方法可以通往我们近代的历史，现代史让几代学者与学生忙碌了一个多世纪。有些人关注历史观念，而另外一些人则强调经济或政治。这样行动起来就会完全不同。例如，如果把最近两百年的历史看做一部有关加速度的历史，我们会很受启发。奇怪的是，在各类有关全球化的作品中，这个维度极不显著。这个维度之所以看起来令人惊讶，原因在于全球化是加速度的一种特殊形式，可以降低空间距离的重要性，而这往往会阻碍全球化。在无线通信时代，持续的时间与距离之间已经不再有联系。维利里奥（Paul Virilio）是最重要的速度理论家，他认为我们现在生活的时代已经不存在延期的问题。

维利里奥认为互联网技术已经发展成了一个家族，这一点并非言过其实。正如读者所认识到的那样，他既不考虑市郊的往返列车，也不考虑市民候车时打电话谈论官僚的琐事。全球化远程通信和其他以卫星为基础的通信方式，实现了即时传送和非固定发送。与网络相连的节点可以在同一个地方以及世界上不同地方同时存在。实际上，从墨尔本或从隔壁办公室收发邮件,已经没有任何差别;同样,观看在比利时举行的足球比赛现场直播,或者是在基里巴斯举行的新年庆祝仪式现场直播,还是观看当地电视台传送的现场采访,都与在现场观看没有时间差别。过去被认为可以产生空间距离的时间,已经一去不复返了。

这些我们熟悉的事实产生了许多意想不到的后果,维利里奥对此进行了分析。他谈到自己研究的领域,就是有关速度与加速度的研究。其中,他对军队的研究最有兴趣。100年前,入侵类似波兰这样的国家需要数周,战争的速度取决于骑兵的平均推进速度。尽管战马的行进速度很快,但它们需要食物和休息,而且容易受到山川、沼泽与河流的阻碍——更别提那些不愿屈服的乡间村民还会破坏桥梁并设下陷阱。在20世纪初,坦克与双层甲板的飞机陆续问世,战争的速度在很多方面得到了提升,再加上火炮与中程导弹,好战的国家基本上可以在短时间内,对邻近的国家造成无法形容的损失。

维利里奥灵感的源泉,部分源于媒体理论家麦克卢汉,他最广为人知的乐观主义标语是"地球村",人们可以在其中参与一场规模宏大的社交活动,讨论价值观、美和人类共同的命运。维利里奥更愿意讨论"全球性大城市",其特征是匿名性和非整合性。每一个身居其中的人都可以与别人交往,但是没有任何人——由于前面的原因——与别人真正地交谈。这种"虚拟城市"依靠即时通信技术。换句话说,在我们所处的情景中,时间支配着空间。按照维利里奥的说法,空间距离已经消失,当我们实现了天涯若比邻时,实际上就没有什么重要的事情了。

维利里奥的悲观情绪接近于19世纪后半叶的古典社会学家,比如滕尼斯(Ferdinand Tönnies)和齐美尔(Georg Simmel),他们对于都市生活的匿名性、个人主义、传统与宗教信仰权威的丧失、实用主义和工业社会中典型的目标导向型行为方式,提出了令人担心或使人陶醉的模式。这是否意味着加速度引发的问题比我们能够想到的问题更古老呢?当人们提出无法回答的问题时,答案只能与往常一样,只有"是与不是"可以选择。

每一代人都有一种趋势,认为自己所处的时代独一无二,其理由很充分:所有的新时代都有自己独特的方式。同时,不妨宣称大部分的新时代都具有新奇性,实际上能够存在很长一段时间——可以始于柏拉图或农业革命，也可以始于马可·波罗、哥伦比亚、古腾堡或宗教革命，完全在于你个人的选择。有些人强调喷气式飞机和互联网的独特性，认为当电报、蒸汽机或者快速的两轮战车发明时，世界发生了最重要的变化，但是如果考虑到速度与加速度，人们就会反对这种看法了。换言之，天底下的新东西很少甚至没有。

这种争辩有其局限性。尽管电报是一项能够带来巨大影响的发明，但是马可尼（Marconi）认为，互联网也只不过是一个脚注而已。全球实时通信完全不同于以往的技术，它以实时性为基础，创造了人类生活的框架。然而，把电子革命看做早期改革和加速度的直接延伸，也是完全正确的。前一章讨论了西方文化史上一些重大信息分水岭的内涵——书写、货币、印刷与时钟。这些都有助于将通信从即时性背景中释放出来，比如书写可使知识积累起来，不受时间的影响；时钟使时间具有机械性和普遍性；货币可使商品的价值具有可比性。无论人们身处堪培拉[①]还是坎普尔[②]，一美元、一小时和一个头条新闻都具有相同的含义。虽然环境在不断变化，但公分母将不同地点连在了一起。

工业革命的产物是标准化和节省时间。在工业革命造成的破坏中，专横的时间建立了它的基础。只有在工业社会，时钟才能够在一个巨大而复杂的工业生产环境中促进同步化的效率。也正是在这样的时代中，时间与货币才能够紧密耦合。至少从伊拉斯谟（Erasmus）时代开始，守时就成了一种美德。但是，节省时间就是获得金钱的观念，却只有在工业大规模取代传统手工艺时，才有可能成为生产领域的指导原则。始于18世纪末期的工业革命，在西方社会需要整个19世纪才能完成，在引入生产线和打卡机之后结束。

这个快速变迁的时代，有些人为之着迷，也有些人担惊受怕。新生产的商品具有惊人的质量。殖民帝国扩张并创造世界经济——就像当今的世界经济一样——的主要基础是从贫穷国家进口原材料，然后把富裕国家生产的商品出口到贫穷国家。在很大程度上，火车、轮船、电报和电话线在

[①] 澳大利亚首都。
[②] 印度北方邦南部城市。

促成了世界的收缩,其方式与当今世界的收缩过程并无二致。在 19 世纪,时装业开始以新的步伐发生变化,"巴黎时装模式年"的概念开始出现。

时至今日,欧洲与北美的居民也开始关心速度的效应、距离的收缩以及我们称为全球化的东西(实际上,他们通常更关注大西洋西岸,很少注意大西洋东岸)。在 1824 年,蒸汽机车作为新发明刚一出现,有些富有远见的评论家就立刻意识到这将会改变世界。当时《苏格兰人》杂志的记者写道:"当蒸汽机车普及时,当前极快的速度(每小时 10 英里[①])是否可以翻番,还没有人敢去预测。"他注意到美国人极其渴望改进蒸汽机车,并开始研究这项新科技,甚至设想将来每小时 20 英里的速度还可以继续翻番。有趣的是,苏格兰的评论员将其与当今普遍使用的技术做了比较,认为"欧洲之旅"(那时包括巴黎与佛罗伦萨)所需的时间,与现今从爱丁堡到伦敦的时间相当。

尽管火车速度越来越快并试图与飞机竞争,目前欧洲铁路公司仍将自身重新定位:为匆忙的空中旅行与容易受挫的公路驾驶提供一个既有思考时间又有安静空间的替代选择。乘坐火车旅行,或许可以享受到标准的时间(slow time)。有关火车的此类观念——作为过去时代的浪漫遗迹(特别是在火车蒸汽锅炉和坦克发动机的发明地英国,这种怀旧的形式得到了发展)——很快就偏离了最初的意思。特纳在 1844 年出版的油画《雨水、蒸汽和速度》中,在这方面点出了时代的精神。这幅油画描绘了大西部铁路,它起着横贯伦敦西部的桥梁作用。这幅画表明火车的运行速度太快,以至于人的眼睛很难感知窗外的景色。火车的平均速度为每小时 20 英里,而在理论上则可以达到每小时 50 英里。挪威第一条铁路从奥斯陆通往奥斯威德(Eidsvold),全长 60 公里,在 1855 年正式通车时,平均速度不到每小时 20 英里。然而当时仍有很多人忧心忡忡。他们认为人们乘坐火车旅行时,蒸汽机车驱动的高速运动不符合自然规律,乘客无法仔细地观赏周围的景色。因此,这对人类感知的自然边界提出了挑战。

随着蒸汽机车的出现,电报线也如雨后春笋般发展——往往沿着铁轨附近架设。这种发明,被称为维多利亚时代的互联网,或许可以代表自古

[①] 1 英里 = 1609.34 米。——编者

腾堡时代以来信息技术史上最重要的变化。因为这是首次脱离物理对象提供信息服务，也是首次将急件打包传送时总重量不到 1 克。换句话说，万维网的萌芽早在 1838 年就已经出现。按照 19 世纪中期的标准，电报线网络发展极快，1866 年第一条穿越大西洋的海底电报线已经开通。这实际上代表着新的事物。仅仅在十几年前，欧洲和美国之间的通信需要数周甚至数月，而且完全取决于季节和气候条件。到了 19 世纪 30 年代末期，轮船淘汰了帆船。又过了不到 30 年，伦敦与纽约之间也有了电报线。当 20 世纪初无线电报出现时，实际上可以说互联网即将登场了。对于数百万欧洲移民来说，他们无须再等候数周或数月，就能了解到故乡亲戚的最新消息。当家乡年迈体衰的叔叔过世时，他们可以在同一天收到报丧的电报。1876 年，贝尔申请了电话机的发明专利。尽管到 1927 年首条横贯大西洋的电话线才开通，但是其后几十年内电话机已经非常普及。因此，19 世纪后半叶，全球贸易迅速扩张（几乎可与 20 世纪 90 年代媲美），当时的大英帝国——技术变迁的动力室——成了世人皆知的日不落殖民帝国。如果按照一种更加乐观的方式来理解，密切整合的全球社会，在 19 世纪 90 年代与 20 世纪 90 年代，扩张规模基本一致。

随着大城市的发展，可选择的商品日益增多，旅游成了一种日常现象，每周发行的杂志也纷纷涌现，深受各阶层的喜欢；各种报纸都在争抢最新的资讯。19 世纪晚期富裕国家已经建立了新社会，当时德国、法国和美国位居前列，其社会面貌与我们当今的生活有很多相同之处。他们的特征是快速变迁、复杂性日益增加、迁徙与技术变革。20 世纪全球现代性的图标在 1886 年就已经出现，早期的广告界就承诺要反对"慢性思维"。尽管 1905 年可卡因才作为秘方出现，但是当代成千上万的爱好者仍然认为，可口可乐即使不是思维所必要的东西，也是精确抵制缓慢的物品。

100 年前，使工作制度发生重要改革的关键人物，是美国工程师泰罗（Frederick W.Taylor,1856—1915）。他虽然不是首位利用工时标定法监督工人的研究者，但是他开发的方法在工业界留下了深刻的印记。在泰罗看来，通过测算工人每一道工序的持续时间，然后削减浪费的时间——不仅仅是休息时间，还有不太必要的身体运动，能够或者几乎能够一直让生产拥有效率。对他提出的方法，有人钦佩，也有人憎恨，人们把这种方法冠名为"泰罗主义"（Taylorism），其副作用是把生产过程切成了许多的组成部分，为流水作业线奠定了基础，使得每个工人反复从事小规模机械动作。在某种程度上，泰罗主义是工业社会对度量公制的反应：它将个人的主观性标准化，阻止和根除了个人的主观性。

生产过程、通信技术以及19世纪后半叶日益增长的消费，具有的共同特征是嘈杂、快速和匿名的生活，而且这一切被认为是新鲜事物。当然，并非每个人都对此印象深刻。19世纪80年代，小说家哈姆生（Knut Hamsun）在美国工作生活了几年，从一开始就对美国巨大的技术进步记忆犹新。他在给朋友的一封信件中，用一种充满愉悦的方式，描绘了布鲁克林大桥这个庞然大物，桥梁上到处是钢质接头和巨大的螺栓；对于早期出现的电梯，他也采用了一种新奇的描述方式，将其称为"跷跷板式的装置"。1889年，他写作了一篇散文，名为《现代美国人的精神生活》，其中的观点与以前迥异。他嘲弄美国人不加批判地接受一切的趋势，认为美国人鄙视传统又精力充沛——在他看来，对发展的乐观主义和天真的信心存在很大的问题。美国人充满活力、坐立不安又能迅速回转的特征，往往让人认为自由本身已经成了美国国民特性的根基。

在描述美国人对社会变革的典型态度时，哈姆生对托克维尔（Alexis de Toqueville，他在半个世纪前写了关于美国的有影响力的著作）作出了回应，他与吉卜林（Rudyard Kipling）一样，预计到当代欧洲人会批评互联网时代。吉卜林年轻时首次访问美国的时间远远少于哈姆生，但是对于技术环境施加给个人的风险，他亦表达了同样的看法，认为在这样的情况下，原则几乎没有或只有很少的补偿力。吉卜林的论文发表之后，在美国引起了强烈的反响，他的论文涉及他所看见的英语的普及化与简化。（这里要提一下维多利亚晚期的另一个重要人物王尔德，他认为美国人与大不列颠人除了语言之外，还有很多共同之处。）当然，语言的简化也可以看做一种加速度——或者说经济地谈论艺术。

商品生产所需的新产能与工业革命引发了19世纪的加速发展，信息技术起着推波助澜的作用。在21世纪的加速发展中，信息技术同时发挥着催化作用，它是那些令人梦寐以求的商品及经济动力的源泉。这种仓促而碎片化的存在，导致了今日许许多多的挫折与时间陷阱。一定程度上，这是哈姆生、吉卜林与100多年前其他作家用讽刺的笔调所描述的旧闻。但是，信息社会为现在的情形增添了一些真实的新特征。速度就有现代的特征，而且现代性至少已经存在了200年以上。在本书中，我要明确表达的速度原则，可以采用一般的方法分阶段叙述，但是只与现代社会有关。此外，很多实例可以表明，在现代性的特定阶段——冷战时期与信息时代，的确存在很多独一无二的方面。

4.2 令人上瘾的速度

速度是一剂令人上瘾的麻醉药。在21世纪初，这个标题似乎还不太贴切，但却到了该发生的时候了。在19世纪，人们观察、评论或偶尔批判的加速发展，时至今日仍在进行，而且能够被更强烈地感受到。现在的计算机网络和卫星通信将世界更加紧密地联系在一起，这是过去电报或轮船公司苦思冥想也无法实现的。

很久以前，所有的信件都要依靠手写，还要通过缓慢的邮寄服务（马驮、车载或船运等）才能分发出去。写一封信需要很长的时间，而寄送与分发信件则要更长的时间。到了19世纪，写信与寄信的速度都提高了：打字机出现数十年之后，火车和轮船相继问世，这些都使信件的寄送与分发更加安全迅速。进入20世纪之后数十年，人们就开始用飞机寄送邮件。现在，一对分居澳大利亚和美国的恋人，已经完全没有必要苦等数月才能收到对方的回信了。在20世纪50年代，如果运气好的话，被抛弃在欧洲的亲戚甚至只要3周的时间，就可以收到从美国明尼苏达州返回的信件。

现在如何呢？现在，我们用鼠标点击屏幕上的发送按钮之后，就连用30秒钟等待回复也很不耐烦了。

这种加速形式带来了几方面的后果，虽然还不能说是副作用。电子邮件的优势及其固有的用途，在于它能够促进人际交往活动。电子邮件比电话更灵活，因为无论人们正在做什么事情，别人给他发一封电子邮件，并不会使他分心或受干扰。另外，电子邮件还不会丢失，它总能送到收件人的邮箱，而且从不会偷懒。

过去，当我们还在使用枯树作为通信的原材料时，就已经在信息科技的物质基础中嵌入了一种迟钝性,能够抑制那些不合时宜的纠缠。从不同的角度来看,技术本身阻碍了对不必要的文字的过滤,写信成了十分费劲的差事。写信本身很耗时间,而且写好之后还要折叠并装入信封,寄信人需要在信封正面写上收信人的姓名与地址,并在右上角贴上邮票,最后还要找到邮筒才能投寄出去。此外,邮局分发信件时还有一些奇怪的特征。比如,今天当地报纸的头版头条新闻就是"邮寄一封信用了6天!"电子邮件根本没有这些限制。因此,我们很多人都宁愿使用电子邮件,而不愿意再用过去经常使用的纸质信件。电子邮件在发送方看来是一种祝福,但到了接收方就有可能成了一种诅咒。

速度影响了风格与语法。很多人不会对电子邮件进行校勘。他们在信件开头会用一种非正式且不明朗的词汇"Hi",甚至对陌生人也是如此,或者干脆没有任何的问候语。(这里面存在很大的文化差异。有一天,我收到了一个日本学生的邮件,他在信件中说由于"未经许可"就写信给我,因而非常严肃地向我道歉。)在电子邮件中,经常会有不完整的语句和错误的语法。以这种方法来分析,电子邮件应该介于书面语与口语之间。但是如果它完全代替旧式信件,文化在整体上就会出现亏损。无论数量多少,最终都会失去质量。

速度对标准的时间也会产生不利的影响。它有可能填平所有的差异。过去,一封回信要寄到初始发信人那里,需要一周到一个月的时间。这是雷打不动的事情。所以,当一个人把信投入邮筒后,他可以返回来工作,安静地坐下来,并继续从事原来正在做的事情。不过,这个时代已经一去不复返了。现在我们发送的邮件,可以在几小时之内得到回复,而且一天之内还可能会两次发送同样的信息。原因是发件人没有收到回信,会认为第一次邮件没有送达,因而会第二次发送邮件。

这并不意味着夏令时具有单方面的攻击力。速度在正常范围内,可以表现卓越。但它具有传染性,可能带来严重的副作用。除非我们理解了速度的运作机制和增减的内容,否则我们难以保持必要的迟缓。

在我们生活的时代,香烟代替了烟斗,玉米片替代了麦片粥,电子邮件正在取代纸质信件,两分钟的新闻影片在新闻界是最热的产品。报纸的文章越来越短,电影镜头的切换更加频繁。根据我们所收邮件的数量,我们每个人回复电子邮件所用的时间，正在按比例地减少。音乐电视引入了不断变化的风格，而且永不停止，这已经成了时代潮流的精确写照。速度是一剂毒药：我们在快进键中探索电影观察自己，公众对于缓慢的运动日益失去兴趣，这相当恐怖。就我个人的体会，滑冰与越野滑雪遭遇了严重的问题，很难招募新人，也没有观众的欢呼；观众的注意力转移到了更具爆发性的运动，比如冰球和高山滑翔；当我们在街上行走或等候交通信号灯变化时，我们会使用移动电话来填补间隙；当电车晚点 5 分钟时，我们会谴责市政运输管理部门。过了这么多年，我们还在等待链接更快的计算机与互联网。总之，现在一切正在日益加速变化。

4.3 要速度，越简单越好

速度导致事情的简化。这一点需要我们注意。在 19 世纪 40 年代以前，人们需要请画师为自己画一幅像，以便留给自己的子孙后裔。王公贵族与平民百姓一样，都要在画师面前静静地坐上很长一段时间。之后出现了笨重的照相技术——银版照相，由于曝光时间需要近一个小时，因此不太适合描绘小孩、动物和其他移动的物体。然后出现了我们知道的照相技术——令人难以置信的是这种形式几乎一直没有变化，直到数字技术取代普通的摄像技术。由于凡尔纳（Jules Verne）发明的暗房、红灯、化学冲洗和晾干的技术一直保留下来，这项技术基本没有多大改变。多年来，人们为了去照相馆拍照需要事先化妆；在市镇上，装饰用品商店出于战略考虑，往往紧挨着照相馆的大门；人们拍完照片之后，还要等候一段时间才能看到相片。后来，艺术照开始普及，作为一家之主的父亲（有时包括母亲），只要碰到合适的机会，就会拍上一张快照，胶卷曝光后几天之内就可以变成照片。二战之后，波拉一步照相机[①]问世，它能立即显示照片；其后，承诺一小时之内就可取相的联营企业正式成立。在书写时代，20 世纪 90 年代前期数字拍摄技术开始问世，并最终成为主流产品。从想法到实际影

[①] 波拉一步照相机（Polaroid camera），一种在拍照后可以立即冲洗的照相机，也译作宝丽来照相机或波拉罗伊德照相机。——编者

像所需的时间，从数周逐步减少到零。

如果孤立地看，我们没有什么理由去担心这些变化。但是，加速与高度压缩几乎无处不在，而且往往会产生意想不到的后果。其中，仿效得比较好的是派森（Monty Python）的"竞赛"，其赢者是成功在一分钟内概括普鲁斯特的《追忆似水年华》的人。袖珍杂志《读者文摘》擅长出版一些经过删减与压缩的文章，在这种意义上来讲，它已经领先于1922年初次面世的时代。自1938年以来，这本杂志总发行量达到了2800万册，而且已经出版了系列图书。《读者文摘》一直忠于杂志的理念，对现有书籍进行彻底的压缩，从格里森姆[1]的著作到托尔斯泰的《战争与和平》，都是按照此种方式处理。这些文学作品都被整合到快进的按钮中，为满足信息丰富而鲜有慢节奏的时代，它们不得不做出调整。一些作家甚至声称他们喜欢自己的作品被压缩，并且允许《读者文摘》在市场营销中使用他们的头像。

4.4 要速度，流水作业是必须

速度产生了流水作业线的效果。1851年，在伦敦水晶宫举行的首届世界博览会上，工业产品琳琅满目，花样繁多，坚持传统手工艺的人士认为工业品质量很差。他们强调产品质量需要时间和高度发展的个人技术，因此，工业化大生产的形式意味着产品质量的大众化。

这种态度并不罕见；在很多地方都能遇到持这种态度的人，而且他们出于各种动机不断提升这种态度。精英们总是想方设法阻止象征自己身份的符号被泛化。与传统手工艺品相比，工业制品日益便宜，而且越来越容易被普通百姓获得。因此，社会上有些团体几乎会预先声明，由于他们是普通人所以低人一等。从不同角度来看，不管是以环境问题为出发点，还是考虑产品的使用寿命，只要不使用"质量"这个模糊的分类，人们都可以得到同样的结论（也就是对工业制品持批判的态度）。一则关于英美关

---

[1] 约翰·格里森姆（John Grisham；1955—），美国知名畅销小说作家，他的一系列创作富含法庭法律内容的畅销犯罪小说为他赢得了巨大的声誉和财富。——编者

系的大众轶事与草坪有关。一位没有耐心的美国人问道:"我们怎样才能获得一块与你的一样漂亮的草坪呢?"英国人回答说"从400年前开始就可以了"。

许多产品的制造速度越来越快,效率也越来越高,但质量并不一定变差。塑料水桶与汽车就是两个实例。其他劳动密集型产品发展势头也不错,不仅耐用,而且手感也好。特别值得一提的是缝纫业,对我而言,尤其注重的是另一类人特制的衣服。至于葡萄酒与法国白兰地,生产周期延长可以改善品质,这与许多其他的食物一样,比如啤酒、奶酪和一些肉制品。

食物的烹饪时间与其质量(比如口感与营养价值)没有必然的联系。有些菜肴需要文火慢炖几个小时,才有特别的味道和营养。例如,英国人炖汤与煮羊肉,还有挪威人周日午餐的菜肴,都是按照这样的方式烹调。同样,有些人认为生牡蛎拌上几滴柠檬精油,是世界一流的烹调方式。一般而言,常见数量的食物在烹调时,对于慢速的时间的要求比较严格。就拿家禽来说,制作肉制品的烘烤机,需要按照汽车生产的工业管理原则来制造,所需平均时间约为一个月。在挪威,为了满足大众对营养价值的追求,1只毛重1100克的家禽,经过宰杀、剔除内脏和烘烤(用盐和辣椒粉调味)等一系列的程序,恰好要用一个月的时间。几年前,人们对奥斯陆一个小镇上的家禽情有独钟,因为那里的人把小鸡自然放养,使得鸡肉的脂肪含量充足,而且汁肥味美。他们开店加工本地出产的家禽,关键在于其烘烤食物的时间达到了标准制作的时间的2倍。这样,当地的烤鸡价格翻了一番,但与我们习以为常的工业生产烤鸡相比,其口味的确迥然不同。

20世纪90年代中期,北美的百威啤酒公司欲收购捷克的百威啤酒厂,这个例子同样可以说明前面的道理。收购动机很容易理解:捷克的啤酒厂在欧洲中部地区规模很大,但与美国的百威啤酒公司相比,它只是一个小矮人了,但它拥有在全欧洲署名"百威"(Budweiser)商标的权力。因此,没有收购之前,美国百威啤酒公司在欧洲销售时,只能贴"麦芽"(Bud)的商标。现在,两种品牌的啤酒放在一起,结束了各自用规模衡量复杂程度的历史。美国的百威啤酒看起来像尿液,闻起来有一股碳酸的气味,喝起来有一丝苦味。捷克的百威啤酒则是金黄色,与捷克其他的淡啤酒一样,泡沫丰富且具有芳香气味,很快它就将被归为全球一流啤酒商的行列。(在全世界总共只有四个国家的啤酒属于该行列，捷克是其中之一。）美国百威啤酒公司虽然慷慨大方，但作为买家必须低调。捷克啤酒厂认为如果被并购到美国百威啤酒公司，就要引入美国的生产方法，那么啤酒的质量就会出现灾难性地下降。若要制作出好的啤酒，生产规模与速度无法协调一致。因此，时至今日全球市场依然存在两种截然不同的百威啤酒——一种是快速生产出来的啤酒，适合于那些急于解渴的人饮用；另一种是慢速制作出来的啤酒，室温下就能储存，需要慢慢品尝才够味。

　　有时候，获得的速度与辅助功能远大于损耗，有时候感觉不到有何损失。例如，有一群过分强调获取的人，总是梦想获得早上额外的 10 分钟，甚至用一碗粥代替谷类食物作为早餐。各种食物都有即拆式的小包装，从蒸粗麦粉、墨西哥卷饼、地中海番茄酱到调味汁，都让忙碌工作的人有机会准备可口的饭菜，而且吃起来味道纯正。由于人们很少能有机会用几小时去做一顿大餐，若是没有其他选择，这个概念也不失为一个好主意。如果速度与成本是人们选择产品的主要标准，就会使文化整体的丰富性与复杂性产生净损耗。如果大家都不再区分廉价盒装红酒与波尔多葡萄酒之间的差异，不认为新研磨的咖啡豆与雀巢咖啡粉不同，或者感觉不到马勒[①]的交响乐比流行音乐更具深度与丰满度，那么文化在整体上就会陷入穷困潦倒的境地。但是，清教徒的习俗毕竟只属于清教徒本身。当我乘坐飞机旅行时，往往很乐意喝上一杯速溶咖啡，尽管我总对这种产品持很深的怀疑态度。事实上，的确没有其他的咖啡可供我选择。

　　然而，速度也有自身的成本，有时候（仔细思考一下，信息时代常常如此）除了快速的类型，似乎没有什么最好的选择了。比如说，如果你有 1 个小时的时间可以自由支配，就可以听古典音乐或未删节的交响乐，也可以欣赏 12 首不同风格的 5 分钟浓缩版交响乐，要做出选择并不会很难，这个实例也不荒诞。许多畅销的经典著作，往往是"摘要"或"集锦"的形式，是一个个没有背景的小片段。当然，这没有某些人所认为的那样新颖。在两次世界大战期间，奥涅格（Arthur Honegger）写了一首《圣诞大合唱》，就是把大家熟悉的圣诞歌曲加工成了一锅大杂烩。我们已经听过很多了，

[①] 马勒（Gustav Mahler,1860—1911），杰出的奥地利作曲家及指挥家。——编者

时间是稀缺的资源。而且，作曲家与听众都急于求成。

4.5 要速度，只能糙

速度会使精确度遭受损失。 在古代，当人们与外部世界交往时，总是习惯采用书信的形式，这往往需要数天或几周的时间。书信往来的节奏非常缓慢，但却体贴人心。一些名人总会在出版的著作中收录那些很好的信件——其中最经典的是马克思与恩格斯的书信来往。王尔德最得意的著作《狱中书》（De Profundis）实际上也是一封书信。他用了两个月的时间写成该书，开篇就说："亲爱的波西，在漫长的等待徒劳无获之后，我决定给你写上一封信。"当今时代，要是名人将自己的电子邮件摘选出版，可以想象他一定是疯了，但我也可能是想错了。

虽然通信交往中会也有马虎草率，但是加速带来的后果更严重。一般来说，当要求一个人立刻行动时，他要做的事情往往是在头脑中第一个出现的事。（可以说，任何人怒气冲冲地按下红色键或终止关系后，都知道接下来要做的第二件或第三件事情。）维利里奥区分了加速与不稳定的直接关系。思考决策、讨论并获得长远打算的时间越短，产生灾难性失误的风险就越大。范围变化得越快，缓慢选择的可行性就越小。对其他方面，我也存有一种预警性恐惧。媒体、新闻报道、社会与文化变迁方面的加速度产生的政治实践缺乏思想意识，媒体在其中掌握了主动权，因此社会没有长远的思考和清楚的模式。像海德尔（Jörg Haider）这样的民粹主义者，以及布莱尔（Tony Blair）之类的政治家，都有这方面的趋势。缓慢的节奏已经日益淡出人们的视野。

据说1950年夏天的某一天，瑞典的传奇首相尔兰德（Tage Erlander）正在摆弄一台磁带录音机时，从广播节目中得知朝鲜战争爆发。这场战争并非未被预料到，但是很多人担心它最终会导致第三次世界大战。那么，尔兰德做了什么呢？他继续摆弄他的收音机，并通过听磁带记录的战争新闻是否响亮来测试麦克风的性能。他一个人待在房间里。尽管尔兰德对于世界引人瞩目的大事反应迟缓，却没有人会批评他优柔寡断或者未立刻行动。

20世纪50年代是相对加速发展的10年，事实上尔兰德对战争的反应被一位记者打断了，他想知道尔兰德当时正在做什么事情。现今一切事物都在日益变快。人们不得不以光速行动，否则就会被下手更快的人挤掉。在全球金融、政治与销售领域，这个原则同样有效。2000年冬季，奥地利的一个执政党不乐意与政府合作，在不到24个小时之内，所有的欧盟国家就对其执行制裁。如果时间可以跑得更慢一些，有一半的欧盟国家可能会重新考虑制裁的决议，或者其他更合适的手段。假如时间的脚步可以再减缓一点，一开始海德可能就不会掌权。此外，全球金融市场的多米诺骨牌效应，正在以惊人的速度推进——香港金融界引发的涟漪即刻扩展到了新加坡，在人们尚未来得及眨眼之前，就已经波及伦敦和洛杉矶。

以上只是专横的时间的几个例子。

我们正在处理的现象远不止"媒体社会"，也非几十年来人们已经耳熟能详的陈词滥调。但是，大众媒体——尤其是电台与广播——是重要的潮流引导者，也是与速度有关的病毒携带者。今天纸张的概念，既是一种象征，也是现代性的标记之一。但是，假如纸张没有流通，那么就没有多大价值。18世纪晚期，报纸发生了重大变化，人们开始使用时钟来监控生产劳动。同一时期法国与美国的工业改革，把个人自由的理念引入产业革命，并开始改变劳动力。当前有一大批吹毛求疵的人，尤其是在大城市，他们迫切需要赶上时代的潮流。因此，现在的日报都是昙花一现，其寿命仅仅只有一天。

其他媒体也在加速变化。电台与报纸任何时候都可以更新内容，其他媒体也可以在数年之内发生突变，比如用电子出版物代替报纸。（在这个领域内，科技变化如此之快，以至于没人能够做出精确的预测，但是值得注意的是在2000年年底，一种前景被人看好的"原型"［prototype］，有点类似于昔日通俗的小报，却被使用"电子墨水"的用产挑战。）

谈论互联网上报纸的生命周期似乎意义不大：任何项目都只在它被更新替换之前存在。这些信息更新得越快，电子报纸的声誉就越好，点击率就越高，赞助商就会越多。在挪威，一流电子报刊的读者——顺便说一下，这个报纸压根就没有纸质版——浏览报纸的平均时间是45秒钟。一些新上瘾者会一天数次浏览电子报纸，尤其是在发生重大事件时（比如内战、人质危机和足球锦标赛等等）。这些媒体给人灌输一种新的节奏和不安定的情绪——尤其重要的是，新的新闻消费惯例。在挪威的工会与雇主组织进行年度谈判期间，最初作为威胁手段的罢工最终往往会成为现实，只是规模有大有小而已。在这些冗长的谈判期间，我曾在深夜还守候在计算机面前，因为次日一大早就要去另一座城市开会。如果谈判破裂，斯堪的纳维亚航空公司就要罢工，那我的出行计划就会受到明显的影响。因此，我要定期浏览网络报纸，以便了解最新的动态。到了就寝时间，所有的电子报纸都说双方仍未达成协议，谈判还得继续，那些饥渴交加的谈判者已经订了披萨。好啊！不过这严重干扰了我整晚的工作。如果没有电子报纸，我就要等到第二天早上才可以知道谈判的情况（当然那次压根就没有发生罢工事件），事情也就可能会好得多。

2000年，网络公司的领导者在斯堪的纳维亚的记者中制造了一个小小的风波，后者擅自质疑互联网报纸的资料来源及其对质量的控制。她的观点认为，网络记者工作节奏太快，几乎没有时间去检查新闻的来源。因此，这种负担就转给了读者，以便适合信息民主的美好新世界。

当人们在信息之路上遭遇垃圾时，很难决定是该大哭还是该冷笑。为了揭露北大西洋公约组织种族灭绝的阴谋，记者是否要前往科索沃并准备自掘坟墓呢？因为我对当地网站详细报道辣妹维多利亚最近的行踪还存有疑虑，所以我是否要给维多利亚本人打个私人电话询问呢？我是否需要看完挪威国家队沉闷的足球赛，才能证实每个人都注意到的事实——国家媒体无法提供一种超脱的描述？

从某种意义上说，答案是肯定的，而且现实可以终止任何最初的欢愉。我的一个朋友原来服务于国家一流的互联网报社，后来他离职的主要原因就在于（当然，可能也有薪酬较低和职业理想等原因）：每个人都需要始终盯着对手，想方设法让自己的新闻尽可能快地出版。因为，随时都可以修正错误之处，没有需要担心其他事情。

拉莫内（Ignacio Ramonet）是一位优秀的主编，他负责的月刊杂志《法国外交世界报》（*Le Monde Diplomatique*）总能按期出版。他在一本著作《专横的通信》（*Latyranniedel acom munica tion*）中，表达了自己对新闻业加速发展的后果的看法，其流露的忧虑态度超过了幽默风趣的成分。他在这本著作的篇首提出，以前的人很少能够获得丰富的资讯，但并不意味着他们消息不灵通。其中一个重要原因是速度，尽管拉莫内也考虑到了所有权与自我审查权。速度，连同一定时间内提供的信息量的增长，导致了彼此竞争的加剧和编辑工作的弱化。他列举了著名记者卡普辛基（Ryszard Kapúscinski）的事例，卡普新基认为编辑人员不能再过分关心故事的真实性，而应该判断故事的是非曲直是否能引起读者的兴趣。从这方面来说，故事是否具有更宽泛的社会关联度，已经不再是判断的一个标准了。很典型的例子是拉莫内在1999年出版的著作写到的全球最大的新闻，包括戴安娜王妃的逝世以及克林顿总统与莱温斯基的绯闻。拉莫内认为，在这些热点新闻中，没有复杂性的生存空间。（当然必须提一下吉卜林，他在100年前就谈到过美国人对速度的嗜好。）在新闻记者随意处理的内容中，填满了这种好与坏的简单对比，而其消费群体的数量正日益下降。因此，对卢旺达内战很难给出合适的报道，但是在一些欧洲国家里，对于平民政治的兴趣却与日俱增，这种政治活动不仅口号简单，而且容易操作。

对于新闻流通速度而言，接收端时间的稀缺可能是参数之一，但近十年以来，几乎没有任何其他职业（政治家除外）在赢得公众尊重方面会有类似的下滑，这是一种有趣的逻辑。在美国、英国、法国和斯堪的纳维亚半岛，民意测验表明，公众已经不信任新闻记者。数十年前，拉莫内认为，新闻记者需要个人正直、勇气和无私地追求真理，类似超人、蜘蛛侠和丁丁这样的卡通英雄人物。然而，这些东西在今天已经行不通了。当新闻报道的标准变为立刻呼吁民众和快速出版时，过去的方程式"信息＝自由＝民主"，就已经很难成立了。

4.6 要速度，信息全打包

速度需要空间，这是速度最普遍的原则之一。汽车跑得越快，同样数量的汽车所需要的跑道就越多。如果交通工具数量增加，而空间无法拓展，那么速度就一定会下降。信息对空间的要求和汽车不太一样，它对时间的要求却与其类似。对于信息供应商——从广告商到作者——来说，最稀缺的资源是他人的关注。如果供我们使用的时间数量保持相对不变，而信息的数量却一直增长，就不得不把它挤入到我们可使用的有限的时间里，因此人们注意的范围就必然减小。电视为此铺平了道路。由于观众习惯接受那些被压得越来越紧的信息，因此信息的压缩程度就会日益上升。早在20世纪90年代，对加利福尼亚州小学生开展的一项研究揭示，小学生课堂注意力的平均持续时间为7分钟。他们已经习惯了电视上商业广告出现的节奏。因此，教育者似乎需要面对一个真实的挑战：如何设计一种教学方法，能满足每隔至多7分钟就休息一次的情况！有些领域可以如此，比如，机械地学习重音节时。但在其他领域，则明显缺乏直接的解决办法。

因此，要获得一小撮人的注意，就应确保时间可以被方便地分割成小段。每个人都能分出八秒的空闲时间，但谁能分出两年的空闲时间呢？（现在可能是理解西方哲学史的时候了）此外，填充各种间隙还需要相关技巧。借助无线电话技术，我们在沙滩上、电梯里或在与孩子玩耍时，都可以阅读电子邮件、新闻和公交时刻表。2000年春天，MP3播放器也整合到一种新式的无线电话中。这意味着一个人无论是在浏览书面的信息还是在打电话之时，都可以使用电话来听音乐。这就可以确保空洞无聊的时间不再出现，间隙和用来自由思考的时间被擦除。或许，无线上网也是这种短暂的时尚产品，在2000年底的日本，无线上网手机用户已经超过了1400万人。《新科学家》注意到，2000年秋季之后出现了一种新的现象，在阅读信息的一分钟内，至少有20个日本人可以获得1部无线上网手机。

在不久的未来，无线电话技术可能用来确定用户的准确地点。这将使电话成为一种设备，能够有效填补都市人忙碌生活所留下的间隙。在人们离开车前往超市购物时，仍然有几分钟的空隙。很快，在踏入商场大门时，他就会听到电话传来的震动声，看到屏幕上突然出现的信息：塞恩斯伯里超市今日特别优惠——新西兰羊羔每只2.99英镑，前方30英尺向左转。这是加油站与超市手推车上（一年前我注意到，为了留出广告空间，当地超市购物车的手柄突然加宽）广告促销逻辑的延伸。

那些提供信息的人，为了几秒的空隙时间互相竞争。信息贩子越多，用户自己能用的时间就越少。发送信息的人不能使用强制手段，因为现在不是自由的原教旨主义时代，因此他们必须灵活处理。在20世纪90年代，还有人质疑信息顾问的数量正在以指数级的方式增长吗？

4.7 速度是种传染病

速度具有传染性。媒体在这一点尤为明显。最快速的媒体，比如数字电视节目与互联网报纸，正在被印刷类媒体仿效。文章日益变短，其承载的信息更清楚，但分析却越来越少。电台里专门的新闻频道吹嘘每小时都会更新新闻，无线上网手机可以代表当代大众媒体的快速特征。这类设备的屏幕比普通手机大两倍，可以直接与互联网连接。比如，人们能够用它查询股票交易行情、当晚的电影节目、头条新闻和电子邮件，还有不断更新的新闻摘要。过去，人们只有等到晚上，才能从电视上看到最新的消息。

这一类技术要得到广泛的传播并非不可能。在信息过剩的时代，每个人可能都能拿出 10 秒的空闲时间，但能拥有整整一分钟闲暇时间的人并不多。因此，最快最紧凑的媒体就有竞争优势。信息革命的一般原则是，同样的事物需要在快慢之间进行"公平自由"的竞争，结果往往是快者获胜。问题是竞争过程中容易损失什么。若要回答这个问题，需要背景及理解能力。事后产生的想法往往被称为可信性。因此，编辑一份可靠性高的日报并且始终吸引读者，的确是很难的事。但是，正如一位主营单幅海报的资深编辑在街头与我进行快速而零碎的谈话时所言：无线网络报纸的编辑，由于需要不断更新新闻，因此主要靠的是想象！发布新闻之前，编辑没有足够的时间打字，因此需要不断修改。这种情形就是我接下来要谈的问题。

拉莫内宣称，过去 30 年生产的信息相当于之前 5000 年的信息总量。他举例说明了这一点："《纽约时报》周末版包含的信息，就比 18 世纪接受过良好教育的人毕生所学的知识还多。"

今日人们演奏贝多芬的第六交响曲《田园交响曲》，是否比 200 年前演奏得更快，我无法知晓。但是正如前面提到的那样，仅仅在 20 世纪，其演奏速度就明显得到了提高。最近，政治科学家研究了挪威国会每年财政辩论的发展历程，并对 1945 至 1995 年间大选演讲的速度进行了比较。研究结果表明，1945 年竞选演讲的平均语速是每分钟 584 个音素。1980 年，每分钟的音素量提高到了 772 个，而 1995 年的音素量则为 863 个。换句话说，与 20 世纪 40 年代相比，1995 年的演讲速度提高了近 50%。

我们不妨举一个这样的例子：有一栋古老珍贵却遭受过轻微毁损的房

子，住在里面的人决定粉刷一下洗手间。这人虽然穷一点，但还是想过得更幸福一些。按照联合国的财政预算赤字，他发现厨房实在破败需要修整。于是，他开始拆除旧的厨具设备，并不断地打电话给水管工与泥瓦匠，其过程令人甚为沮丧。几乎与此同时，他发现房屋的墙壁损坏得实在厉害，很有必要对卧室重新粉刷并更换地板。速度的传染性与此类似。

如果一个人习惯了某区域的速度，对速度的渴望会蔓延到新的领域。机场快巴抵达公交站台的速度越快，等待每隔 5 分钟一趟的公交感觉的时间越久。正如计算机网络已经变快一样，许多人已经习惯了网络连接所需的等待时间，实际上这往往只是很短的时间。即使是我们按下键盘，就能看到网页的内容，我们也不一定满意。期间所需的等待时间——几年前的 10 秒与今日的 2 秒，一样让人们无法接受。

这个原则具有一般有效性。坐飞机从奥斯陆到哥本哈根，需要 40 分钟的时间，此时若耽搁 15 分钟就会完全不同。若选择乘坐轮船，穿越斯卡格拉克海峡需要整整一晚的时间，这样，早到或晚到 15 分钟就没有多大的差别，这是由于轮船的速度不利于精细的省时计划。其他的活动可以等待。换句话说，不管是人还是生活领域，快速的时间都具有传染性。

4.8 越想省时，越是费时

时间的损耗与节省，具有同样的趋势。1965 年，工程师摩尔（Gordon Moore）发现了"摩尔定律"（Moore's Law）。他认为微处理器的运行速度，每 18 个月就可以翻一番。（近来，"吉尔德定律"［Gilder's Law］认为网络宽带传输速度每年可以翻一番）到目前为止，摩尔定律始终正确。然而，奥斯陆大学的计算机科学家用"克努特定律"（Knut's Law）补充摩尔定律，认为摩尔定律是正确的，但计算机软件的复杂性与规模每隔 16 个月就可以翻一番。按照克努特定律，任何计算机执行日常杂事，都比以前所用的时间更长。

显然，克努特是一个聪明人，其话语有点夸张。（实际上，克努特定律使我想起了几年前一份报纸刊载的文章，上面说到跑步有益健康。该文认为那些经常慢跑的人，寿命的确比别人长；通常来说，他们花在慢跑上的时间越多，比普通人的寿命越长）但在一般意义上来讲，克努特定律是对的。我可以列举苹果计算机的几个实例。文字处理器 MacWrite 于 1984 年面世时，只有 50KB[①]大小（磁盘共有 400KB 的空间）。我现在写作本书使用的程序 WriteNow4（1994 年的版本），所占的磁盘空间为 348KB。世界上最新的文字处理器的最新版本，是微软的 Word 软件，需要 5.1MB 的磁盘空间，换句话说是 5000KB。为了使程序合理地运行，还需要一大堆附属处理程序。其中一些是与微软 Excel 与微软 PowerPoint 共享的。微软办公软件程序包所需总空间，已经超出 100M，而且大部分人都会安装所有的程序。

12 年以前，普通硬盘的总容量只有 20MB。我们对此已很满足，觉得有了很大的磁盘空间了，因为我们出生时，计算机压根就没有硬盘！我们可能需要一个文字处理器，诸如 50KB 的 MacWrite；一个简报程序，比如摩尔（More，当时最新最好的版本大小为 384KB）；还要一个电子制表软件，比如 200KB 的 CricketGraph，这些东西可以与需要 100M 以上空间的微软文字处理软件完成同样的任务。自然的，现在的人需要运行更快的计算机，比我们那时候梦寐以求的更快。

因此软件一直都在改进提高么？这完全取决于个人的追求。我个人追求简单稳定的程序。这些东西很容易学会，而且直接与写作有关。尽管每年我都要写好几百页文字，但最低级的 WriteNow 软件所提供的已经足够，我似乎从未需要更多的东西。的确，Word 软件使我们能够制作目录和精致的模板，并且可以通过宏命令自动运行大量的功能；但在我的经历中，随着使用的进行，我们更容易剪裁文档，以适合个人的特别需要。计算机程序越简单，理解程序设计思路并与实际技术关联起来所花的时间就会越少，就可以越专注于手边的任务。相反，计算机程序越复杂越庞大，崩溃和出故障的风险就会越大。近几年来，各种各样恼人的计算机宏病毒已经蔓延至广大的计算机用户，但也只是在 Word 软件的用户中比较普遍。

[①] 1KB=1024B，1B 即为 1 字节（1 Byte）。后面 1MB=1024KB，1GB=1024MB。——编者

这与错误类别的复杂性有关。日益增加的速度并不一定让我们更有效率——后面还会讲到这一点。多年前，《连线》杂志连载的一个故事，是关于强大的太阳微型系统公司新任首席执行官的。故事讲述了他想如何改进员工效率的事情。他想出了几个好主意，其中之一令人惊奇地利用了公司里痴迷计算机的员工所提出的意见。现在，许多员工习惯使用网络上现有的幻灯片模板，在里面添加自己的演示文稿。在公司的公共硬盘里，有幻灯片模板、插图、建议和以前使用过的文本。在制作自己的幻灯片时，员工们总会事先浏览这些文件，寻找合适的模板。首席执行官发现公共硬盘总共有12.9G的幻灯片材料。于是，他把这些东西删除了。此后，员工们只能自己制作幻灯片了。实际上，他们现在的工作效率反倒提高了，而且每张幻灯片的制作时间比以前更短。

4.9 技术变革的结果你 hold 不住

技术变革会产生不可预料的副作用。所有的技术都有不可预料的后果。无论何时人们获得更多某一类别的技术，结果并不一定都相同，甚至可能出现完全不同的事情。一个明显的事例是单频道电视向多频道遥控电视的过渡。在欧洲大多数国家，自 1980 年左右这种改变就开始了。国家电视台是政府宣传的法宝——换句话说，电视可以创造一种强有力的国家认同。不管观众有没有受过教育，他们都能同时在情感上与电视直接相连。它使无数人同时观看节目，为他们提供反映现实的特别报道——从圣彼得堡到海参崴，或者从慕尼黑到基尔。研究表明，20 世纪几个欧洲国家的方言差异正在减少，这得益于国家的电台与电视台——在那里国家承认的语言差异具有主导优势。

1983 年，挪威在经历了一代单频道电视之后，开始引进遥控卫星电视。最初，以天空电视台[①]之类的卫星频道为主，由于这个领域当时为数不多，因此在一些欧洲国家，天空电视台的节目主持人拥有超级巨星的地位，有

[①] 天空电视台（Sky News）为英国电视台。它是欧洲最大的收费电视台之一，由传媒大亨默多克的新闻集团所控制。——编者

很多的目标群体追随他们。（恐怕很多人都还记得夏普①）那时，可选择的东西太少。后来，电视观众可以接收到新的挪威语频道（估计有五六个），另外可选择的卫星频道也越来越多。当然，并非每个人都能看到所有频道的节目，因为有些频道需要收费。尽管如此，根据媒体调查显示，处于老牌垄断地位的 BBC 挪威台，已经失去了部分原有的观众。过去人们聚在电视机前观看晚间新闻的时光已经一去不复返。换句话说，电视台（以及广播电台）具有极大的整合功能，能够在国家层面创造一个共享的话语圈，只有一个或少数几个电视台具有主导作用，这些电视台通常是国家控制的频道。然而，我们获得与电视相关的技术日益增多，突然之间电视台不再创造整合的结果，反而使观众日益分散。

我们只需回顾最初的情形。数字电视使每一个家庭原则上都可以开发自己独特的观看模式。我可以选择观看爵士音乐会和诗歌朗诵会，直到我厌倦为止，而我的邻居可能喜欢经典的西部电影，只有当年轻貌美的主持人播发天气预报时，他才会暂时休息一下。

从文化史中很容易找到实例，可以说明新技术的使用产生的其他后果，这些后果人们压根就未曾料到。我已经说过，一些加速的技术，本来是要促进效率的提高，但可能产生严重的副作用——因此，绝对不能想当然地认为新技术一定可以提高效率。这个主题后面还要讨论，现在先分析其他方面。就拿眼镜为例，尽管我们没法准确给出其起源，但众所周知，首次提及光学透镜是公元 1268 年培根（Roger Bacon）的作品。有了眼镜，有学问的人、僧人和其他人士在视力衰退时，依然可以进行阅读。不过，好几个世纪之内，人们只开发出了远视镜，用来帮助患有远视疾病的人。任何年过 40 的人，都可能换上此疾。在文艺复兴时期，这个发明具有重要意义；在现代，远视镜的作用也不可低估。有了远视镜的帮助，那些受过良好教育的欧洲人，可以毕生学习并继续扩大自己的研究领域，使其积累的知识量得到很大提高。

这个例子不够好？或许还有一些更好的事例，能够表明在主流文化史中，技术变迁可以产生广泛且未曾预料的后果。正如前面所言，时钟最初

---

① 帕特·夏普（Pat Sharp），英国广播和电视节目主持人及 DJ。20 世纪 80 年代在欧洲，他作为天空电视台综艺节目主持人之一而知名。——编者

是用在僧侣的祈祷中，使他们整天的功课有时间的间隔；同样，对于现代人的日常生活来说，工业品和大众传媒已经不可缺少。古腾堡发明活字印刷时，几乎没有人会想到，这项技术能在发展民族主义与民主方面起到决定作用。戴姆勒（Gottlieb Daimler）[1]与福特都未预料汽车会使城市中心区衰退，因为有了汽车，人们即使住在郊外，也可以到主干道附近的消费场所或超市去购物。当然，20世纪30年代商用客机——富人与权贵的奢侈待遇——刚刚引入时，也没人能够预料到在如今，从富裕国家到贫穷国家，洲际飞行都成了跨国移动的主力军。

新技术不可能适用于任何事物，但是该如何使用新技术，人们却永远不可能完全搞明白。无论多么耀眼的技术变革，总要在特定社会中满足特定的需求。同时，他们可能带来微妙又极其重要的副作用。正如前一章所言，书写技术可能削弱人的记忆力。

在20世纪90年代，谁能相信最活跃的手机用户会是青少年呢？他们使用手机发送短信，与朋友及时保持联系。根据最新统计[2]，全世界每年通过手机发送的短信数量为90亿条，其中光是德国就有10亿条。在挪威，2000年10月份的手机发送短信数量，相当于1999年全年国内所有手机用户发送短信的数量。1980年，个人计算机首次问世时，消息灵通的记者用相当严肃的笔调写了一篇文章，讨论他们如何用计算机制作购物单，并统计存货的数量。在本书写作的时代，新的通信技术仍然处在试验阶段，无法知道知道未来三五年甚至二十年，通信技术会有哪些用途。尽管如此，还是容易看到一些信息技术的后果：减小距离、缩短时间，并以阶梯式信息填补空隙。与汽车和喷气式飞机一样，新的信息技术可以产生加速度，并让人们对信息产生更多的需求，直到信息持续时间接近零为止。但是，随着复杂程度的增加，新技术的副作用也在增加。例如，大马路上无论有多少条车道，总会被车辆塞得满满当当。一个计算机网络供1000人发送邮件和打开浏览器，可能没有多大问题；但是，如果是1万个用户做这些事，恐怕就会出现故障；同样，若1000千个用户同时观看高清晰电视节目的

---

[1] 戈特利布·戴姆勒(1834—1900)，德国工程师和发明家，现代汽车工业的先驱者之一。——编者
[2] 按照作者写作本书的时间，这个统计数字应该是2000年底全世界手机用户发送短消息的数量。——译者

现场直播，也会出现类似的问题。正如上下班高峰期全世界都会出现交通堵塞一样，网络也会出现令人烦恼的延迟与拥挤。

若要解决这些问题，合适的建议需要考虑两个方面：我们需要更大的容量和更高的速度，就像长远考虑任何其他事情一样。但是，我们不该忘记，在获得20MB的硬盘作为存储空间时，我们是如何地高兴；我们也不清楚，未来四年之内这些装置是否会被放到博物馆中。

速度的传染性和它与效率的亲密关系，在一个众所周知的故事中可以清楚地呈现，这个故事现有多种版本。在海因里希（Heinrich Böll）讲述的故事中，一位德国的游客去西班牙旅游，他很惊讶地发现，西班牙人习惯在海滩边的树底下打盹儿。这个德国人向一位渔夫走去，并和他探讨效率的优点。他对渔夫说，如果你现在不浪费时间，而是出去打鱼，可能可以获得比现在多三倍的鱼，并能买一条更好的渔船。然后他继续展开幻想，渔夫就可雇佣员工并开设工厂，最终成为一个大富翁！但是西班牙人回答道："这是为了什么呢？"德国人说："哦，这样你就可以提前退休，依靠公司利润就可舒适地生活，并且可以在海滩上逍遥自在地打盹。"然而，西班牙人翻过身来回答道："我现在就在打盹啊！"

有些事情已经失去控制。节省时间的技术使得时间变得比以前更加稀缺。通过信息获取财富并没有让我们更开化，反倒更不开化。在下一章，我会解释这是怎么一回事，并分析这件看起来失控的事情究竟是什么。

第五章

等你发现就晚了：指数级增长

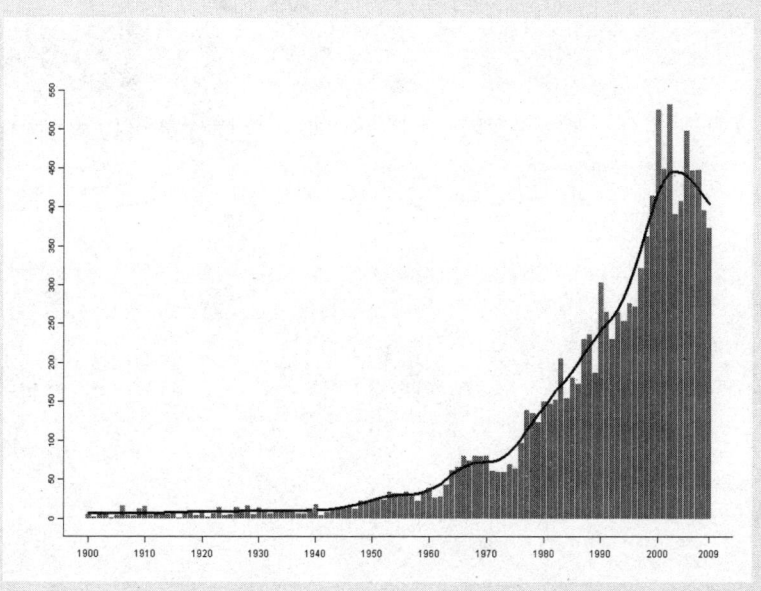

当我描述德特夫人那晚的情形时，我想起了现在数学教材第一章的著名方程式：速度的级别与遗忘的强度成正比。

——摘自昆德拉的《迟钝》

5.1 象棋盘里的麦粒陷阱

关于发明国际象棋的最著名的神话故事发生在波斯一个遥远偏僻的地区。（广告上说公元6世纪印度发明了国际象棋，这肯定有误）当时，波斯王已经把手边的游戏玩遍，找不到新的玩法了，于是命令朝廷中最聪明的人发明一种新的游戏，可以超过他所见过的所有游戏。不久，这个人向国王呈献了一种新式的战争游戏，用一张8×8的方格纸，交替使用黑白两色，然后将两组图案分别以黑白两色雕刻在木块上。这些木块上面刻有战士与指挥官，有很多的步兵，每一个级别只有两个指挥官，每方有一个国王和一个王后，他们是整个游戏中最为重要的角色。而且，王后的权力比国王还大，但是如果国王被包围，游戏就得结束。

波斯国王非常高兴，并询问国际象棋的发明者想要多少奖赏。这人非常谦虚地说："陛下，我不要很多的奖赏，您只要按照下面的方式奖励我——在棋盘的第一格放1粒麦子，第二格放2粒麦子，第三格放4粒麦子，第四格放8粒麦子，第五格放16粒麦子，依此类推，直到整个棋盘上的64个格子都放满麦子。"国王听完后如释重负，很爽快地答应了他的要求，并暗自庆幸他为自己省下了金银宝石。然后，他盼咐手下的谋臣计算，该从仓库里拿出多少麦子赏赐给这个人。

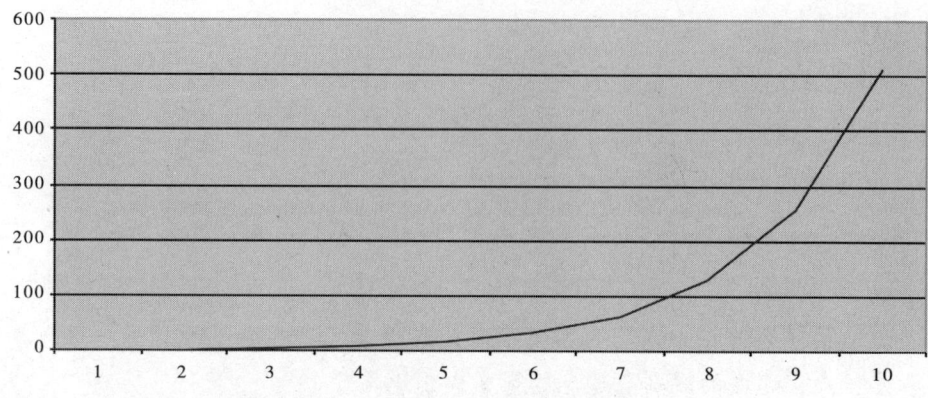

图 5-1 奖给国际象棋发明者的麦粒数量变化趋势（10 个棋盘格）

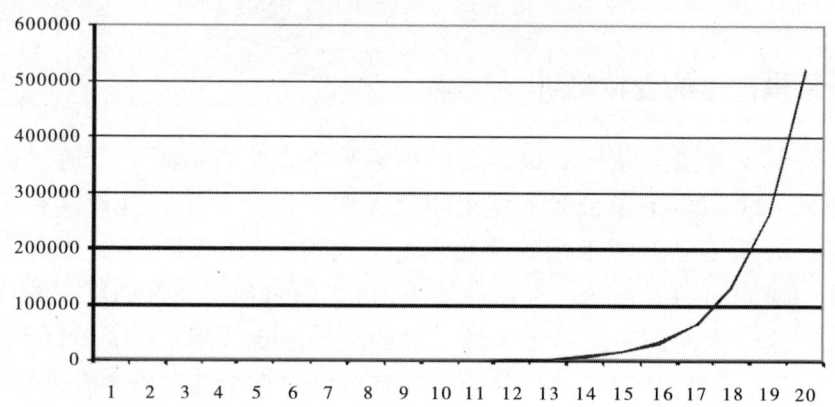

图 5-2 奖给国际象棋发明者的麦粒数（20 个棋盘格）

大臣算完后大吃一惊。这个看似朴实的赏赐实际上非常昂贵。整个波斯帝国十年的小麦产量，还不够奖赏给这个人。因为计算结果似乎在越来越快地变大——实际上，增长速率从一开始就呈现出来了，但是很快就变大了。每换一个棋盘格子，数量就要增长一倍。到第 10 个棋盘格子时，需要 512 粒麦子；到第 11 棋盘格，则需要 1024 粒麦子。第 15 个棋盘格里要放 16384 粒麦子，到第 20 个棋盘格子，需要放的麦粒差则超过了 50 万。

依此类推，在第 26 个棋盘格子中需要放入的麦粒数量，已经超过 3300 万；而到了第 31 个棋盘格中，则将超过 10 亿麦粒。

第五章　等你发现就晚了：指数级增长　81

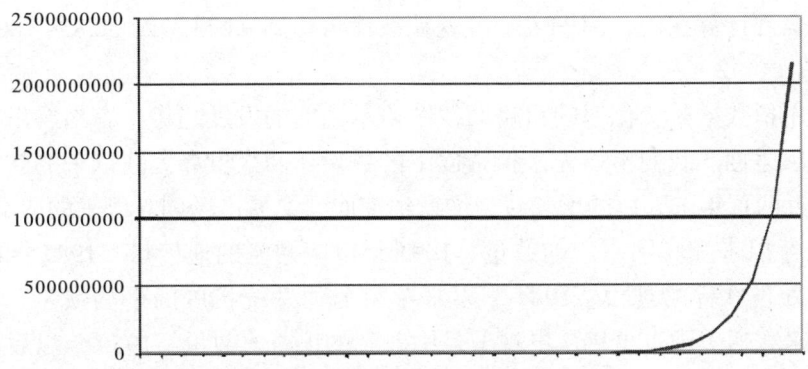

图 5-3　奖给国际象棋发明者的麦粒数量变化趋势（32 个棋盘格）

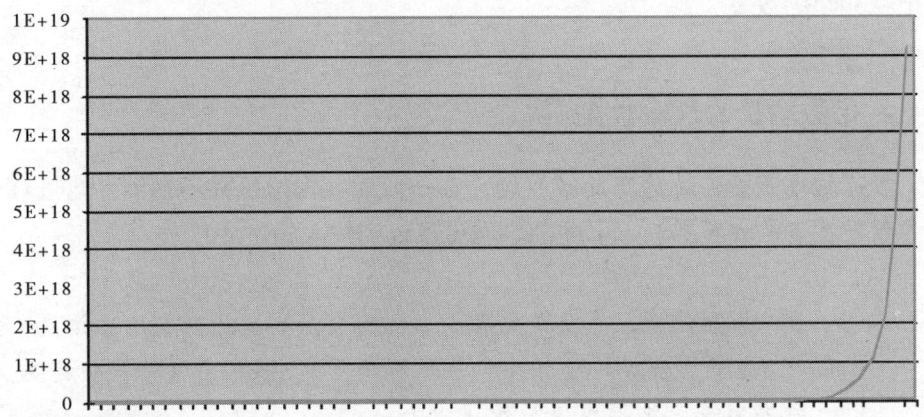

图 5-4　奖给国际象棋发明者的麦粒数量变化趋势（64 个棋盘格）
1E+n 表示 1 后面跟 n 个零。

然而不幸的是，事情远没有结束。在威严的数学家们还没有完全计算出应给的麦粒数量之前，他们已经意识到就算把全世界收割的麦粒全部给这个人，国王也还要欠他很多麦子。

显然，发明国际象棋的神秘人物，也是指数运算的发明者。指数运算的最普通原则是每一步翻番，或者是在相同时间的间隔后增长一倍。换句话说，在突然增长到顶峰值之前，实际增长率的变化曲线一直比较平坦。正如插图 1 所示，即使我们看到前 10 个棋盘格麦粒数变化曲线比较陡，但由于其数值很小，看起来就没有多大的害处。当然，如果与第 64 格的麦粒数相比，第 32 个棋盘格的麦粒数——只有 2,147,483,648——也就不算大了。

如果全部计算在内，国王欠下的麦粒数量将达到 9,223,372,036,854,780,000 之多。

用指数增长变化率的粗略曲线图表示当前的发展趋势，容易看出其内在的敏感性。我们不妨先来猜猜以下的数量：两次世界大战以来的航空运输、近两百年来人口的增长量、纳斯达克股票交易市场创立以来的成交量、1995 年以来互联网用户的数量、1991 年以来网络的通信量、1985 年以来微软处理软件的规模、1984 年以来苹果公司系统扩展的平均数量、1950 年以来普通美国青少年从电视节目中看到的谋杀案数量、1950 年以后出版的专业期刊数量、1950 年以来全世界清洁剂的品牌数量以及 1980 年以来电视频道的数量。

5.2 指数增长的欺骗性前奏

指数增长的变化趋势比较平坦，在一段时间内似乎并不剧烈。 与国际象棋发明者的故事类似，下面的事例更接近当代人的生活：

在一个瓶子里放入 2 个细菌。瓶底有一层棕色的黏稠的啤酒液，细菌来自热带国家，喜好 30 摄氏度的环境温度，按照普通的繁殖速度，一分钟之内每个细菌可以繁殖出 1 个细菌。1 分钟后，瓶子中就有 4 个细菌；然后下一分钟是 8 个，再下一分钟为 16 个、32 个……当然，还有一些细菌会死亡，这使得计算会变得更加复杂。不过，几个月之后，细菌也只是覆盖住了瓶底。自此之后，细菌数量增长就明显了。当瓶子的八分之一都装满细菌时，聪明的数学家推算瓶子里的细菌面临"人口爆炸"的危险。有些人对此忧心忡忡。当瓶子里的细菌装满一半时，一些人开始担忧了。他们组织了游行示威和请愿，手拿旗帜，口中呼出发怒的口号，要求当局尽快行动避免这场可怕的灾难。然而警察却说："别担心，还有的是空间。"

这个寓言与人口激增有关，从 1798 年开始流传，到现在已经有很长的历史了，当时马尔萨斯（Thomas Robert Malthus）在他的名著《人口论》

(*An Essay on Population*)中提出了这个问题。在马尔萨斯最初提出人口剧增的观点时，人们尚未意识到未来出现人口爆炸的可能，但人们必须承认马尔萨斯具有前瞻性。按照马尔萨斯的说法，食物生产量按照代数方式增长，也就是从 1 到 2，再依次到 3、4、5 的简单递增。相反，人口的增长趋势是按照几何方式，或者说是指数运算的方式，从 1 到 2，再到 4、8、16 等等。因此，如果人类不放慢人口繁殖的速度，就很可能面临饥荒。很自然的，身为牧师的马尔萨斯提倡人们节欲。

两百年来，马尔萨斯的思想对于政治与科学具有深刻的影响力。达尔文的自然选择理论使马尔萨斯的"自然增长"机制发生了转变，尊崇达尔文的马克思采用极其强烈的措辞，甚至是用他自己的标准批判马尔萨斯。马克思曾经取笑马尔萨斯为"狒狒马尔萨斯"。总之，他提出的人口增长模式，依然是关于人口增长国际讨论会的基础，自马克思以来这些参数一直没有发生明显的变化：批评马尔萨斯的人指出，在一定区域范围之内，社会分配与技术因素将影响其可支撑人口的规模。

按照马尔萨斯的理论，我们可以假设，地球上每一对夫妇平均生育 4 个小孩。对于简单的指数曲线来说，这是一个必要的数字。我们可以进一步假定每一代人的跨度是 30 年。如果有一个名为布鲁克（FilthyBrook）的小村庄，创立于马尔萨斯提出人口论的 1798 年，而且当时只有 2 对夫妇。不久之后，假设是 1805 年，这两对夫妇各自有了 4 个小孩。这样，总人口就变为 12 个了。30 年之后，8 个小孩各自结婚生子，每一对夫妇生育 4 个小孩。这样，总人口就是 12+(4×4)=28 个。之后，老人逐渐去世。总人口减少为 24 个。又过了 30 年，也就是 1865 年，第二代人去世，但是他们的 16 个孩子各自都已结婚，而且每对夫妇生育了 4 个小孩。现在，总人口就是 24-8+(8×4)=48 个。然后，又过了 30 年，祖父母辈的老人去世，新人结婚并生育小孩，到 1895 年布鲁克村庄的人口数量就是 48-8+(16×4)=168 个了。现在，我们来看一下如今这个村庄的情形。最初布鲁克村庄只有一家杂货店和一个邮局。90 年之后，也就是到 1985 年，另外三代老人也先后过世。现在，村庄总人口数量是 896 人。然而，每个人都能很容易看出，这个村庄似乎还不像一个小镇。而且，在此期间邮局也关门了，其原因无需在此讨论。

但是，村庄里的数学家可能会说，不妨想象一下 2195 年时村子里的人口数量。到那时，已经有 229,376 人。这样，我们这个舒适的英国小村庄，或许已经没有什么空间了。

在全球的规模上来看，这种人口增长自然是最后人口拥挤的根源。因此，最终的人口数量变化趋势并不一致，也不好断定地球可承受力的上限如何，人们似乎更愿意集中居住在一起。我们应当注意心理学家的反应对那些相信马尔萨斯理论的人而言，这些世界似乎还没有他们所担忧的那么拥挤。当前，如果假定每一个人都来威尔士，而且拥有四平方米独享的空间。而且，假设现有合理的住宅建设方案可以充分使用空间，那就甚至还可以有一两家小餐厅。

千百年来，人口增长一直很慢。在农业革命之前，据估计地球大约可以承载 800 万的人口。这个数字当然存在争议，但是事实上就在农业革命的前夕，全球人口大约只有 500 万。1800 年，全球人口已经超过 10 亿。之后过了 130 年，全球人口就达到了 20 亿；而 30 年之后就已经突破 30 亿；15 年之后的 1975 年，全球人口已经突破 40 亿。1987 年，全球总共有 50 亿人；就在我们刚刚熟悉这个数字 12 年之后，全球总人口已经宣称达到了 60 亿，据说第 60 亿位婴孩出生在印度或中国。如果按照当前的速率增长，世界总人口每隔 40 年就要翻一番。今天的人口与我出生那年的人口总量相比，已经增长了一倍。这样，到 2040 年全球人口将达到 120 亿；到 2120 年则将达到 480 亿。在世界上的某些地方，人口翻番的速度要快得多，比如非洲每 24 年翻番，亚洲则为 34 年。所以，不管任何时候来看，全球人口增长曲线始终是右边朝上的发展趋势。但是，现在似乎有水平的变化趋势。从 40 亿到 50 亿用了 12 年时间，同样，从 50 亿到 60 亿也用了 12 年的时间。

这个案例表明，指数曲线似乎在很长一段时间内平缓发展——有时甚至适度而审慎，然后突然改变特点向上冲。当指数曲线发生这种飞跃时，其内容就要发生质变。在为世人所知之前，小村庄布鲁克只是一个小镇，但很快就成了一个城市，就像皇宫里谦卑的恶作剧制作者，迅速地变成了一个狡猾的自大狂。

5.3 指数增长的魔术式拐点

指数增长造成空间的稀缺。本章虽然以一个与国际象棋有关的故事开始,但本意并不在此,也并不是要讨论细菌或人口的增长问题。我冒昧地占用读者几分钟时间,是要通过这些实例,引入一种特别的推理方式。本章的主题是信息的过量和信息获取量不受控制的增长,以及这种趋势带来的后果。前一章谈到人类社会早期信息的不足,而现在却是信息太多。在过去的 30 年里,人类生产的信息总量,已经相当于之前 5000 年里的信息总量,这就是我所说的曲线拐点。

越来越多的信息正在为日渐缩小的空间而争战。一个很明显的后果是每个人花在每条信息上的时间正在减少。在挪威,目前发行量最大的报纸是在圣灰星期三①出版的。不是因为这份报纸的质量高,而仅仅是由于复活节期间连续五天都没有报纸发行。同样,由于电视频道数量减少,人们会采用更平静和连贯的模式观看电视。当专业期刊数量减少时,读者在每篇论文上所花的时间就会增多。当书架上的光盘数量较少时,每张光碟播放的次数就会增加,听者对每首歌曲就会更熟悉。我们还可以列举出很多的实例,当书籍更少时……

在日益缩短的时间内将信息浓缩,使得信息发送方必须不断变化。例如,现在的电视节目制作方,非常注意观众手中的遥控器,一旦电视节目的热度下降,观众就要准备快速切换到更激烈的频道。1982 年,特纳(Ted Turner)启动美国有线电视新闻网络时,想缩短商业广告的时间,以便与 2 分钟的"头条新闻"节目相称。1971 年,30 秒钟的商业广告刚刚引入时,被认为是最快的广告,但很快就落伍了。特纳雇佣的媒体顾问施瓦茨(Tony Schwartz),将 30 秒的广告缩短为 8 秒,然后是 5 秒。在最近的一次电视采访中,施瓦茨吹嘘自己可以制作 3 秒钟的广告,而且一定可以脱颖而出,成为此类商业广告的典范之作。

很快,观众就习惯了新的节奏。从 20 世纪 50 年代开始的电影,最显

---

① 圣灰星期三(Ash Wednesday),也称圣灰节。当天教会会举行涂灰礼,要把去年棕枝主日祝圣过的棕枝烧成灰,在崇拜中涂在教友的额头上,作为悔改的象征。——编者

著的特点是其令人难以置信的慢节奏——至少对于生活在 21 世纪的人来说是这样,不仅对话的展开异常缓慢,就连汹涌的波涛与落日的场景也慢得很,人们似乎总要互相对望很久,感觉他们好像没有什么更好的事可做。虽然电影院里的观众手中没有遥控器,也无法按快进键,但是从电视荧幕中获得的期望,还是可以影响电影院观众的节奏:希望尽可能地快,越快越好!

速度不仅具有传染性,还能使人上瘾。(信息的消费几乎不同于任何其他事物,由于影碟机的普及,全球各个电影院里的观众数量都在下降。这是否与影碟机有快进键,而电影院没有快进键有关呢?)同样,促进人们消费比抑制人们消费更容易;增加信息传输的节奏比减缓节奏更容易。速度就像一剂麻醉药。

副作用越来越明显。错误的快速发展带来太过复杂的事物。恩格斯是一位工厂主,也是马克思主义者(实际上他是第一个马克思主义者,是马克思的搭档与长期的赞助人)。恩格斯曾经说过量变在一定程度上就会导致质变。在《自然辩证法》这本书中,恩格斯进一步发展了这个原则,并提供了事物质变的理论。这本书出版于作者身故之后的两次大战期间,的确值得一读。一旦将其应用于该使用的地方(而不是物种进化),量变到质变的转化原则就值得再看一看。一个给定的系统生产的同一件产品越来越多,但是突然之间有一些完全不同于以前的产品。然而,人们往往对此不加注意。

一个人可以同时做 3 件事情,而且都能做好。同样,一个人也可能同时做 6 件事情,而且 6 件事都能做好。甚至,还有人能够同时做 12 件事,而且都能做好。然后,他们接着做第 13 件事时,却完成得非常糟糕。这就是量变到质变的本质。一段时间内的发展可以不产生任何激烈的后果,但是突然抵达临界值时,整个系统就会发生跳跃性变化,产生一些完全不同的事情,其外部特征也会发生彻底的变化。

在新几内亚高地的策姆加巴人(Tsembaga)中,"猪的循环"是人类学的一个经典案例。策姆加巴人种植块茎与蔬菜,并饲养猪。猪的数量均衡地增长。妇女与孩童负责饲养猪,为了给猪寻找饲料,他们需要到距离村庄越来越远的地方,往往要冒着被敌人偷袭的风险。另外,猪的增长对庄稼的危害也越来越大。当猪繁殖数代之后,策姆加巴人喂养的猪已经达到饱和,再增加就没有任何优点,反倒会成为负担。于是,他们就地宰杀这些猪,并举行复杂的仪式,发动战争并进行调解。(当然,也有更简单的方式,但这不是本文的重点)

另外一个案例来自系统论学者贝特森(Gregory Bateson,1904—1980)。他用寓言的形式描述了1匹古怪的马。这匹马由顶尖的遗传学思想开发出来,被称为"多倍体马"。无论长宽高,它都是普通马的两倍。

当然,"多倍体马"的重量是普通马的8倍。由于它的骨架只有普通马的4倍大,因而无法以直立方式支撑其自身的重量。"多倍体马"的内脏器官也濒临被烹饪的局面,因为其皮肤厚度只有普通马的2倍,可是皮肤表面积却是普通马的4倍。由于食管与气管都是普通马的4倍,而身体重量却是普通马的8倍,所以这匹马长期吃不饱,呼吸也很艰难。

这个寓言起源于20世纪70年代末,作者贝特森预见到了基因工程的潜在危险,用这个故事警告人们不要对基因操作持泛滥的热情。我认为这个故事也谈论到了复杂性问题以及量变到质变的转化。

此外,这里还有一个更直接相关的案例。在大学里,一个只有50个学生的系,只要一个人管理就够了。他还可以兼任秘书,组织学生的考试,做好财政预算,还能给学生提供建议。当系里的学生达到100个人时,一两个管理人员就不够了,至少需要五个管理人员。因为一个人的心智不再可能照顾到必需的全部知识。系里的运转依赖于书面的惯例、登记和表格。管理不再停留于对学生的了解,还要知道他们的兴趣和已经取得的水准,还有他们的专业背景等等。因此,专业的学生辅导员需要注意学生之间的关系。由于财政预算变得更复杂,因此需要专门雇佣一名财务人员。另外,还需要一个人坐在前台,一个信息技术咨询;为了组织员工有序地工作,还要一个办公室管理人员。

一个组织可以在一段时间内成长,外表却没有明显地变化。许多公司都是建立在人际关系、信任和人类记忆的基础之上。如果组织规模很小就容易管理,也能运作得很好。但是,当雇员的数量超过临界点时,人际关系就进入正式化和官僚化。与此有关的一个案例来自世界关注研究委员会。他们为有需要的人(比如有发展前景的研究者、博士生和有才气的独立学者）提供资助与奖学金。当申请者人数较少时，委员会与接受者之间的关系建立在个人的信任之上。管理研究的官员们很容易留意到"他们"的学者们，也能够知道他们该负的责任。随着申请资助的人数增加，他们不得不填写定期的报告，并提交报告陈明下一步需要明确的工作。于是，研究委员会需要雇佣新人管理与报告有关的体系；同时，研究人员需要花费大量的时间，填写各种表格与报告。

各类正在发展的组织对于这种复杂化趋势理应非常熟悉。他们认为有必要召开的会议数量日益增加，这是组织规模扩大的负效应。大的组织需要更多的会议，才能协调其活动；因此，雇员需要花费更多的工作时间协调彼此的工作，而不是去完成应做的工作。

严格地讲，这些徒劳的会议占用了太多的工作时间。来自另一个领域的案例或许可以说明这一点。这个案例与摩天大楼有关。近来，亚洲与北美国家正在互相竞争，看谁建的大楼能成为世界第一高楼。在本书写作期间，马来西亚处于领先地位。然而，建筑师注意到了一个奇怪的问题，这最终可能会限制未来摩天大楼的高度。这与安全性或交通问题无关（很奇怪，摩天大楼不会倒塌），而是涉及电梯的数量。按照概测法，通常每15层楼就需要4个小电梯，或者是2个大电梯。因此，建筑物越高，电梯占用的建筑面积就越大。如果我们按照这种逻辑结论推理，一栋500层的大楼，除了电梯之外，已经没有其他的建筑空间！

一个组织太过庞大，就完全有可能只开会，不做其他任何事情。我确信有些管理部门已经接近这种状态。例如，我们若把一栋摩天大楼的每100层分成一段，并安装独立的电梯。这样，乘坐电梯时需要不断换乘。当然，要是一个人的工作地点位于第499层楼，那么他在上班的路上，至少可以把整份报纸全部读完。楼层越低，电梯里的人就越多；于是，较低层的电梯需要加快运行速度，其中有些直达电梯中途不停，比如在50层以下都不停。

这种处理方法类似于在规模扩大的组织，由于雇员的工作时间和积极性消耗在了使人筋疲力尽的会议上，他们被迫在下班后继续做工作上的事情。如果把一个大企业分解成相同规模的五个部分，就能够让尽可能少的雇员进行内部的协调。

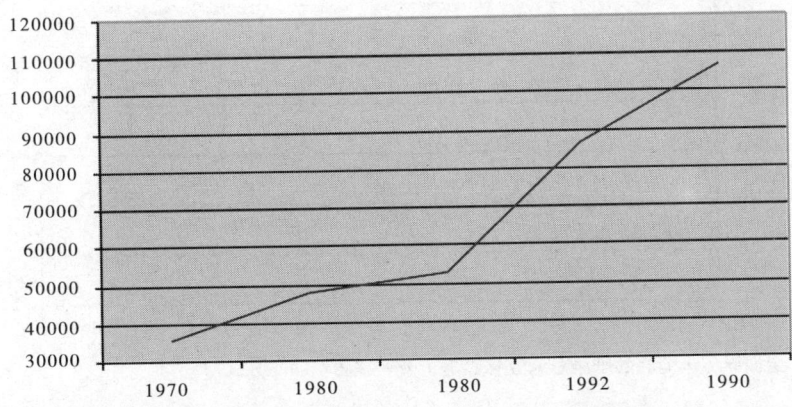

图 5-5 历年来英国出版的图书类别总量变化趋势（资料来源：UNESCO）

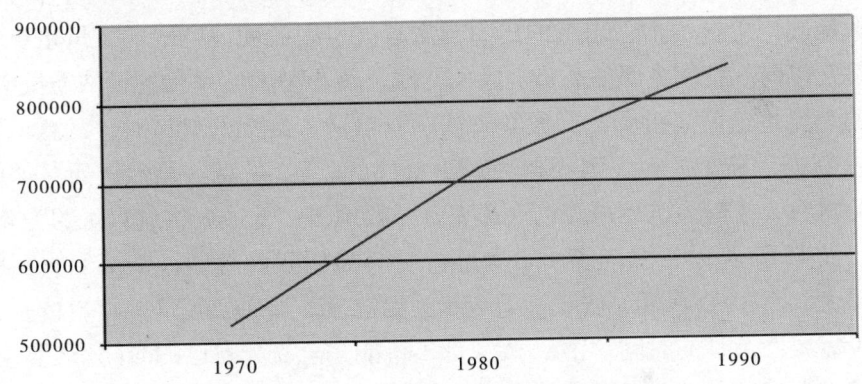

图 5-6 全世界历年出版的图书类别总量变化趋势（资料来源：UNESCO）

大多数国家的大楼依然很低，因此人们乘坐电梯时，只有一点点时间可以阅读小报。由于我们仍然徘徊在学术的象牙塔中，我觉得有必要再举一个例子。与本章其他的事例一样，这个案例依然与失控增长的后果有关。

在 1970 年，北欧国家的社会人类学只是很小的学科，可能只有十二三个研究职位。1980 年，这个数字已经翻番；2000 年，研究人员至少是最初的 10 倍。无论什么时候需要设立新的职位，或者撤除旧的职位，都需要指定三到四人的评估委员会。这些委员需要阅读和评估所有的申请表格，包括申请者的简历和简要的陈述——需要论述申请者最重要的科学工作。很多时候，还有申请者提交的硕士论文、博士论文以及一大摞论文，有时

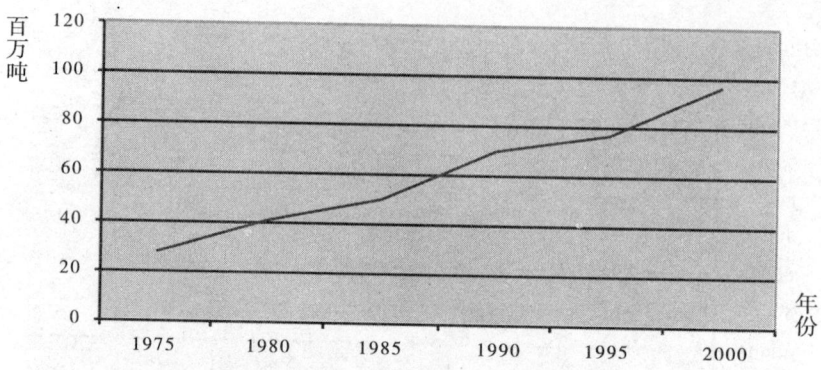

图 5-7 全世界历年消耗的纸张总量变化趋势（资料来源：UNESCO）

候还包括一些书籍。每一个职位的申请者人数都在增加，每个申请者写作的数量同样也在增加，出版的压力越来越大，因此职位空缺的数量也要增加。几年前，我作为评估委员，参加北欧一所小型大学举行的评估委员会，目的是要挑选两名讲师。到大学邮局领取申请人提交的材料时，我意识到应该带个手推车才行。因为包裹的重量达到了 32 千克。显然，面对如此多的材料，任何人也不可能彻底读完。一般地讲，普通表格的重量约为 4.6 克（按照 80 克的纸张计算），大部分材料采用双面打印，委员们收到的材料大约有 10,000 页。按照一天 200 页的进度，如果要把这些材料读完，至少需要两个月的时间。当然，大家都不可能完全支配自己的时间。老实说，申请专业职位的人的确认真准备了，但却难以得到应有的重视，即便如此研究者不得不用大量的时间，翻阅这些堆积如山的材料，但又无法用到自己的研究中，同时书架上的期刊与书籍却已布满了灰尘，因为他们没有时间去查阅这些文献资料。

5.4 所有的一切都在增加

所有事物的总量都在增加。在 20 世纪最后 10 年中，书籍与期刊的出版数量一直蹒跚增长。在英国，1975 年出版了 35,000 种书籍。1985 年，这个数字增加到了 53,000 种。在接下来的十年间，英国出版的书籍数量翻番，达到了 107,000 种，实现了跳跃式发展。作者们采用电子文档的形式提交书稿，并用简单便宜的程序制作页面，比如 PageMaker 或

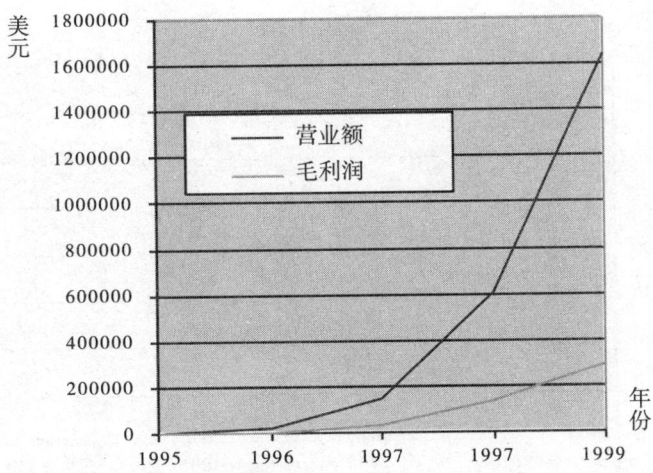

图 5-8　亚马逊公司 1995—1999 年的营业额与毛利润（资料来源：www.amazon.com）

QuarkXPress。1986 年底，PageMaker 的第一版问世。

全世界图书出版增长率整体上并不壮观（尽管还没有对数据进行严格比较），但增长趋势明显。1970 年，全世界图书总量不到 50 万。20 年之后，总量已经达到 84.2 万种。如果继续按照这种趋势增长，在我写作本书的时候，总量就将会超过 100 万种。

另一个指标是纸张的消耗量。想一想前些年那些预言家对计算机化的预测，他们认为无纸化办公即将出现，还提出 20 年后书本将离开人们的视线。可是事实并非如此！1975 年，全球印刷用纸为 2800 万吨。到 2000 年，已经上升到 9700 万吨。造纸工业似乎不用担心互联网与数字电视的增长。与信息有关的一切事物都在增长。

这些出版物有很多并非为了阅读而印刷，尽管 1970 年以来全世界受过教育的人口数量增长很快。大部分出版物是在发达国家印制，这些地区的受教育率一直比较稳定，人口增长也很缓慢。我们并不谈论供巴基斯坦农村妇女使用的图书馆。想一下学术出版物，它们往往被图书馆购入，有时候可以得到国家或研究机构的财政资助，作者需要在简历里提交这些出版物，以期获得一个较好的职位。这些材料似乎只在一个封闭的小圈子内流通，并没有真正的市场和读者群体。专业期刊上的论文被引用的次数表明，在社会科学领域各种公开出版的论文中，过半的论

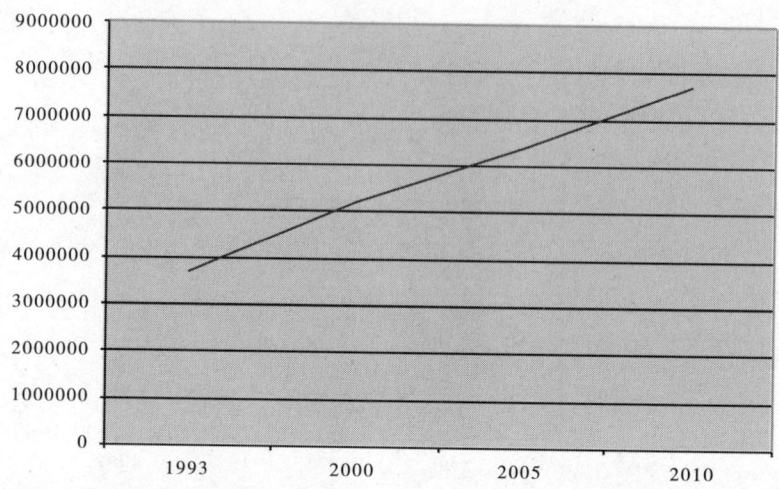

图5-9 近二十年欧洲航空旅客总量变化趋势（资料来源：Air Transport Action Group, www.atag.org）

文从未被人引用。于是人们必然会问：这些文章有没有人读呢？可能有相当多的论文，只有编辑、文字校对、技术编辑和专业评估委员会成员才会去读一下。这是不是有点夸张和讽刺呢？或许是吧，但并非完全不切实际。

与互联网发展有关的最完美的指数增长曲线，是一家公司的年营业额总量变化趋势图。这家公司的主要业务是拓展老式的、以纸张承载的信息。1995年7月，亚马逊网上书店正式开业，在第一个财政年度，其营业额只有511,000美元，到第二年增长为15,746,000美元。1999年，营业额增加到1,639,839,000美元，2000年已经超过了50亿美元，其中大部分来自于书籍的销售。亚马逊网上书店营业额的增长率非常惊人：从1999年第二季度到2000年第二季度，营业额的增长率达到了84%。

虽然每个人在谈到互联网或其他类似事物时，都认为在不久的将来这是主要的信息来源，但是出版业依然断定纸张继续有市场，换句话说，还能够活蹦乱跳。同样，有了电子邮件与传真并不意味着人们在电话上交谈得更少。过去15年以来，电话的增长率已经非常明显。当今世界两条最重要的电话线路，是跨越大西洋与太平洋的海底光缆线，它们都是往返美国的信息渠道。1927年开始，在技术上就已经可以打越洋电话了，但是直到20世纪70年代，打一个越洋电话——比如从瑞典的哥德堡打一个电话给西雅图的亲戚——还是件既令人讨厌又昂贵的事。1986年，我在毛里求斯首次从事田野工作，无论何时只要我想让家乡的母亲知道儿子还活着，我就得亲自跑到首都的国家电信中心才能打一个越洋电话。于是，我不得不乘坐发臭的老式公交，然后在烈日下走过五条街道，排队等候叫号，轮到之后才能走进一个小房间内，在夹杂着回声与嘈杂音的电话中与母亲交谈，而我口袋中的卢比却正以令人恐惧的速度消失。1999年秋天我再次来到毛里求斯，事实上在任何地方我都可以给家里打电话，我在距离最近小镇比较远的地方，站在海边一棵芒果树的树荫底下给奥斯陆拨了一个电话，听筒里的声音非常清楚，而且话费也不贵。

从1986年到1996年，跨越大西洋的电话线路，从十几万条增加到了197.4万条，增长率接近2000%。同一期间，穿越太平洋的电话线路，从41,000条增加到了1,098,600条。1985年，全世界电信使用总时间（包括电话、传真和数据传输）为150亿分钟。10年之后，这个数字已经增加到了原来的4倍，也就是600亿分钟。2000年，全世界电信使用时间估计可达950亿分钟。目前，几乎没有哪种传统行业能有这样的增长率。

根据当前的发展趋势，提供这些服务的公司不久后就可以出现指数增长。在21世纪的头5年，已经计划发射1000多颗远程通信卫星。这类通信方式的主要趋势，正在向无线的、移动的、非嵌入式的方向发展。无论何时何地，人们都可以接收和发送信息。我们现在才看到了最初的阶段，但是发展趋势已经指明了特定的方向。手机代替固定电话，掌上计算机代替笔记本计算机、备忘录和通信录，还可以连接互联网；只要公司老总将计算机连接到综合业务数字网，即使居住在遥远的小木屋里，也可以给自己的雇员发号施令。

1990年，手机还只是某些职业群体——出租车司机、旅行推销员和其他一些人——随身携带的小玩意。当时，这种手机由汽车上的插座充电。到了2000年时，挪威已经有300万手机用户（挪威总人口只有450万）。芬兰是诺基亚手机的故乡（10年前是伏特加酒和木质纸浆的故乡），几乎每个儿童都有一部以上的手机。

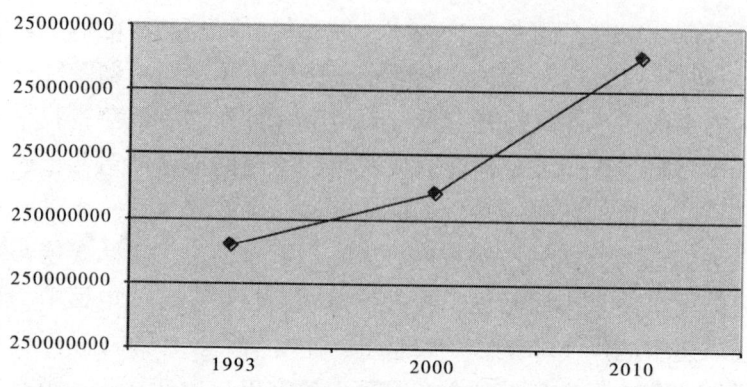

图 5-10　近二十年美国出入境航空旅客数量变化趋势（资料来源：IATA）

无线通信发展如此迅速，以至于我们相信它可以替代其他传统的通信形式，甚至包括汽车与飞机之类的技术。许多人认为互联网在环境上是替代旅行的合理选择，他们希望能够如此（当然，这或许像1980年人们预测无纸化办公时代的到来一样）。迄今为止，没有什么迹象表明这件事会发生。相反，我们从任何一方得到的东西似乎都在增加。全球的道路与空中交通都在快速发展。

20世纪90年代，空中交通的年增长率在5%到7%之间。2000年春季，IATA（国际航空运输协会）估计，从1999年到2010年，航空旅客总量将从16亿增长到23亿。IATA还预计，2010年乘坐飞机抵达美国的旅客总量将达到2.26亿人次，而这项数据在2000年为1.21亿人次，1993年只有7900万人次。如果将这样的增长趋势以曲线的形式画在方格纸上，就难以避免出现接近垂线的情况。这些数字看起来很大，但我们必须记住，它们只是往返美国的旅客数量，其他国家的航空旅客还没有计算在内。比如欧洲，2000年之后的15年内，航空旅客总量预计可翻番。顺便说一句，从1994年到2001年，空中旅客运输距离估计增长了50%。

目前，因为这些国际组织直接负责民用航空运输，所以我们需要特别深入地讨论三件事：空中无线电频段的缺乏（航班与移动电话越来越多的结果），航班延误和机场基础设施建设。你该如何设计一个机场，使它在几年内可以轻易地将容量扩大一倍，而且不会降低旅客的服务体验和安全度呢？如果一个人定期乘坐航班出行，换句话说，他就习惯了一个永久性

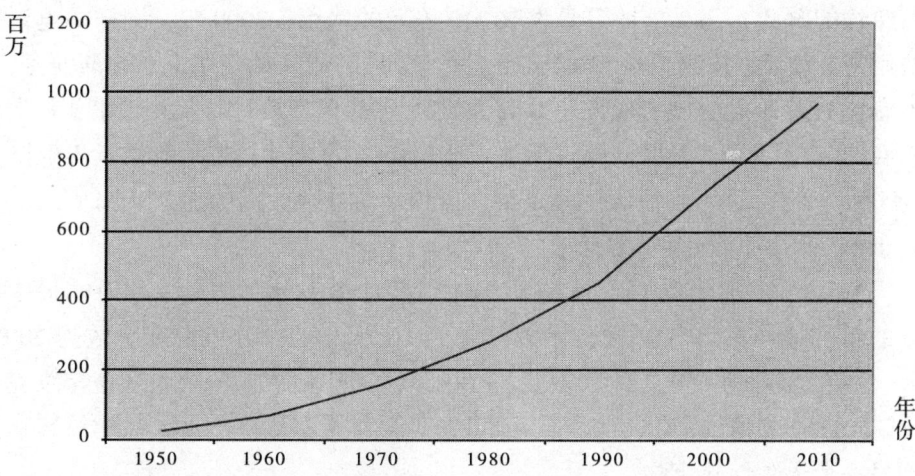

图 5-11　近 60 年来世界游客总量变化趋势（资料来源：WTO）

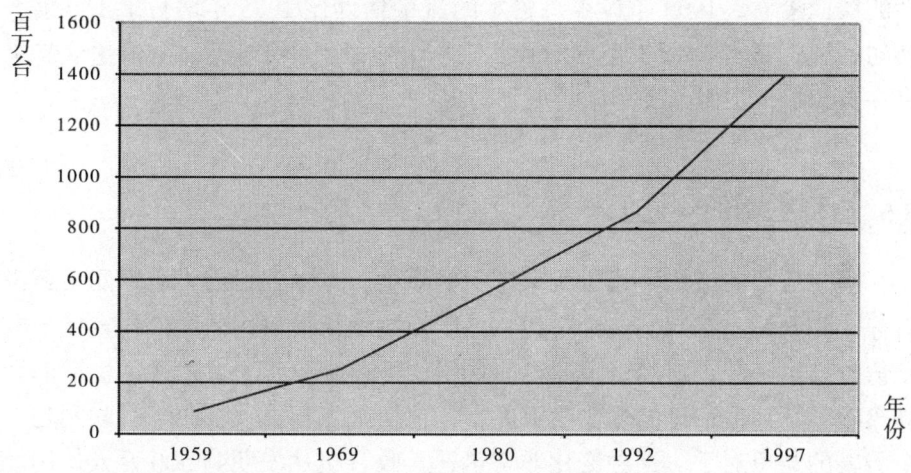

图 5-12　全世界电视机总量变化趋势（资料来源：Heldetal.1999, p358; www.unesco.org）

的建筑标志。

　　这不是科幻小说。看过这些图形的研究者，从过去十年的发展趋势很简单地推测出了未来的走向。就像其他指数增长曲线一样，这些曲线的增长率相对比较稳定，但是数值却比较大。

　　直到 20 世纪 70 年代，总体上航空运输依然是一种专用和昂贵的旅行方式。航空运输的大众化过程，与拨打长途电话类似。1960 年，从伦敦拨打纽约的电话，每3分钟需要收取240美元的费用；2000年，同样的电话费用是2美元（按照1990年的美元汇率）。航空旅行的费用也在逐渐便宜，没有比旅游业更明显的地方了，因为旅游业成了世界上第三大产业（紧次于武器与毒品）。根据世界贸易组织（WTO）的统计，旅游业占世界经济的12%。WTO进一步估计，2001年全世界旅游业总收入约为3.5万亿美元。自1950年以来，旅客人数增长了20倍。

2020年，预计有16亿人将出国旅行。地中海地区仍是北欧游客最中意的目的地：1955年其接待游客总量为10万人，1970年游客总数为200万，1990年则为650万人。发展还在继续。换句话说，一个人从盖特维克（Gatwick）到阳光海岸（Costadel Sol）度假，需要从一个永久性建筑转移到另一个永久性建筑物。

这些图形令人眼花缭乱。增长曲线几乎笔直地往上冲。若从更具包容性的层面上看，1995年世界总资本的流量估计比1975年增长了100倍；换句话说，25年间增长了10000%。这个曲线图证明，无论全球化谈起来有多么新奇，都要涉及具体而重要的现实。

5.5 网络空间的爆炸式扩张

网络空间的增长率超过所有其他的事物。本章到目前为止，几乎还没有提及互联网。在我们这个时代，关于指数增长最辉煌的案例，直接与电子信息技术有关，这也是最明显的例子，涉及进入千家万户日常生活的计算机。对于其他信息的传输通道而言，包括报纸与电视在内，互联网是一个厉害的竞争对手。这种变化非常迅速。收音机从发明到500万人使用，只用了38年的时间。数十年之后，电视机出现，只花了13年就达到了与收音机相同的用户数量。而互联网达到这个用户数，仅仅用了4年。在20世纪，还有谁会怀疑发展是加速变化的过程吗？

在谈论计算机世界的指数增长时，创立于1975年的微软公司到现今的发展历程，是一个无法回避的案例。在微软公司经营第一年后，就产生了16,000美元的盈利。从此，微软公司的发展，就像前面讲到的国际象棋棋盘里麦粒数量的变化趋势。在很长一段时间内，这个盈利在每个转折点

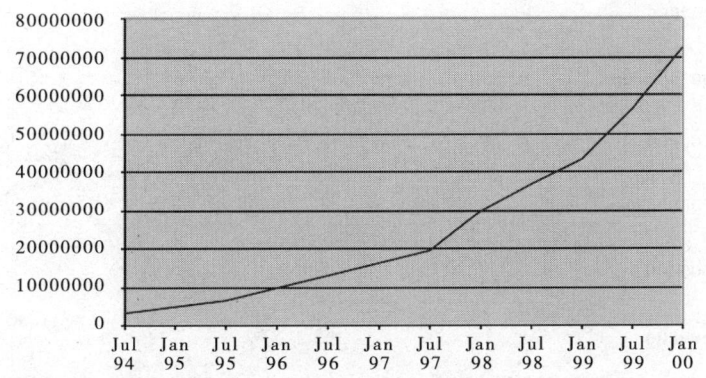

图 5-13　全世界网站总量变化趋势（资料来源：Internet Sofware Consartium）

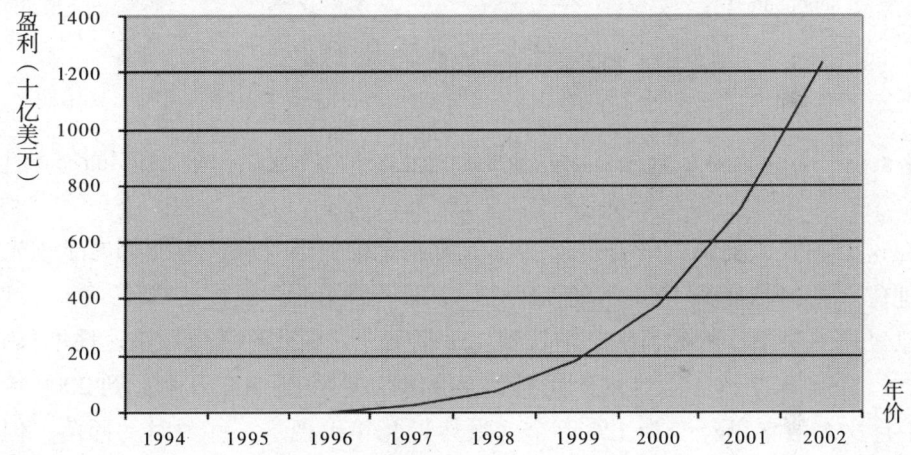

图 5-14　1996—2002 年互联网产值变化趋势

都会翻番，但不会让盖茨及其同事变得富裕。到了 20 世纪 80 年代，增长曲线的方向开始发生变化，其拐点出现在 20 世纪 90 年代。增长率基本没变，但现在的数目已经非常巨大，以至于盈利翻番后就可以让股东们挣得盆满钵满。图 5-15 已经显示得非常清楚。

微软公司从来没有特别创新的技术，但在开拓市场方面却有娴熟的技巧。然而，他们没有占据主导优势的一个重要市场是服务器市场。服务器是互联网上用于储存、组织、发送和接收信息的一个机箱。不管是电子邮件、网页、非正式信息还是别的东西，网上所有信息的传输都需要经过服务器。

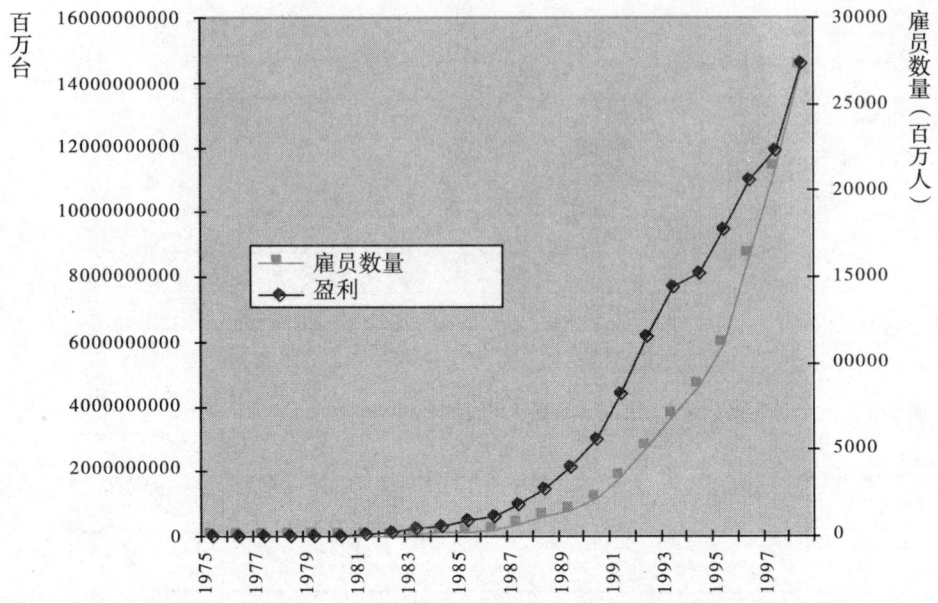

图 5-15　1975—1998 年微软公司盈利及雇员数量变化趋势（资料来源：www.microsoft.com）

在这个领域，美国思科公司（Cisco）无论是硬件还是软件方面都处于领先地位。从 1995 年到 1999 年的 5 年之内，思科公司的营业额从 22 亿美元（这已经是一个不小的数目），增长到 122 亿美元，因此利润也在快速地增长。

1994 年 7 月，万维网上可搜索到的网站数量是 300 万个，到 2000 年 1 月这个数字已经变为 720 万个。虽然近几年出现了一些暂时的回落，但从互联网上挣钱的前景依然合理。这个数据从最初的 0，到 2000 年时已经达到 3.77 亿美元，而到 2002 年则将冲破 12 亿美元大关。若有任何人质疑这个乐观的估计，可以看看微软、思科和帝王公司的成长故事。

电子信息区别于纸质信息和其他具体信息的地方，就是它有令人感兴趣的品质和特性。当信息供应商将信息提供给消费者时，自身的信息总量并不减少。比如说，我用 VISA 信用卡支付 249 美元（只存在于网络空间的虚拟货币），下载我喜欢的最新版网页制作软件，对于提供信息给我的美国服务商而言，其储存的软件信息并不会减少。占有和控制信息的人，在出售信息之后，拥有的信息量没有任何减损。一般来说，信息供应商储存的信息永远不可能倒空。数年前，我在大学为社会科学专业的数百名学生，做了一场有关达尔文主义的演讲，其后我头脑中储存有关达尔文的知识并没有减少。（恰恰相反，通过演讲和与学生互动，我的信息储备量还获得了增长。）最糟糕的事情可能发生在供应商那里，二进制位元、字节和想法已经落伍——这件事发生的概率逐年增加。电子信息作为商品所具有的特性，使其很容易出现指数增长的趋势。迄今为止，几乎没有人认为信息增长会与人口爆炸和工业污染的增长出现一样的势头。现在正是时候思考我们接下来要做的事情！

每天各种未经过滤的信息不断填充到我们的生活里，这不只是我个人作为一名学者发出的感叹。信息功能方面的指数增长，在各个地方基本上大同小异。信息可以分割成小块，并找到路径直接进入读者的大脑，占据最后1立方厘米的空间。即使读者、观众和听众没有花费半天甚至更多的工夫消费现成的信息字节，他们依然会受此影响。或许，在加油站给汽车加油时，你也可以看到输油管上装饰的广告；或者你会沉迷于手机上的短消息；也可能你会整晚坐在电视机前放松，这些正是加速度下的信息扩散媒介。即使你一天只看一档节目，或者一周只看一档新闻节目，而不接收其他的信息资料，这一档新闻节目并不会因此减缓传输的速度。

5.6 指数增长末端的时间无穷短

时间正在归零。本章大部分案例属于普通的指数增长曲线，譬如细菌繁殖的例子和国际象棋发明者索要麦粒数的实例。这些变化曲线的 X 轴代表持续的时间。当曲线出现向上走的陡坡时，就意味着更多的事务被挤压到了有限的时间里。换句话说，这条曲线阐明了被压缩的时间：越来越多的信息、消费、运动和活动被压缩到有效的时间里，而且有效的时间保持相对不变（虽然有些精神病人天真地梦想"睡得更有效率"）。当指数增长曲线完全垂直时，时间就不复存在。当然，这是临界的个案，实际上很难想象；只有在新闻突然变得陈旧时，才会发生这种情形，这就像一件时装刚上架就过时了一样。

本章的分析表明，我们这个时代的许多表面不相关的现象，都可以用指数增长曲线来描绘。这些现象很多是由信息科技的扩散传播所致，但不是全部如此。全球人口增长看起来很具指数函数的特点，尽管目前这条曲线还相对平坦。此外,世界人口翻番的比率也低于旅游业、网站数量或世界受教育人口数的增长率。简单地讲,读者与作者的数量、游客量、微软视窗操作系统的用户数、书籍的出版量和手机的用户数,都比世界人口增长的速度更快。同样,过去10年来,奥斯陆的咖啡馆和印度餐馆的数量、全球的现金流量和世界空中运输总量,也比世界人口增长更快。这些增长趋势之间互相关联,即使现在还不太明显。当某些地方的人口增长后,生存空间就显得更稀缺。当然,这并不意味着上限必须降低,或者人们一定要挨饿,但其中的复杂性会增加。当阅读书写、上学、发送电子邮件、乘坐公交、火车或飞机的人增多时,人们之间关联的网络密度就会加大。那些有吸引力的地方容易受到人们更密集的关注,稀缺性将随着密度的增大而增加——伦敦中心区的地价将远远高于赫布里底群岛(Hebrides)。某些特别稀缺的财产,在人们的生活中将会出现真空状态。

  毫无疑问,指数增长最终必然改变其过程。这只是早晚的事,问题在于早晚的程度如何。20世纪90年代,埃博拉病毒按照扁平的指数曲线扩展;艾滋病的传播亦是如此;世界人口的增长、热带雨林的消失、最近北欧计算机的年销售量、微软公司的发展等等,都是如此。这些指数曲线何时以及如何改变方向,目前不可能回答。在热带雨林的消失过程中,可能在没有热带雨林时,拐点就出现了,也可能会早一点就改变发展的方向。

  然而,正如本章开头所讲的国际象棋的例子,即使我们把前10个或20个棋盘格单独拿出来分析,尽管此时离达到世界生产的麦粒总量还有很长一段距离,麦粒数的增长曲线还是以很陡的方式向上变化。如果我们研究1975年至1985年微软公司的发展历程,就可以绘制一条相当陡峭的增长曲线。或许到2030年,分析人士会说2000年的航空运输旅客量还比较适中,但是2010年之后,每年的数字就已经越发令人无法忍受。同样,穿越太平洋的电话线路、旅客乘坐飞机的公里数与网站的数量,在一段时间内还将继续以指数级方式增长,却不会出现被人们视为灾难的临界点。但是,增长的代价已经很明显——按照传统的观点,环境并不一定退化,但时间趋近于零却是事实。每一个空闲的时刻,都被塞得越来越满,间隙已经完全被填平。这种压缩的结果,就是我在下一章里要谈的堆垛。

第六章

信息的俄罗斯方块：堆垛

"只能如此了，我的意思是和上周一样！"
——在奥斯陆电车上听见一个人对牛仔裤广告的评论

6.1 肥皂剧中的文化变迁

第一部进入北欧市场的美国肥皂剧是《王朝》（*Dynasty*）。1983年，得益于卫星与光缆传输，这部肥皂剧通过多频道电视吸引了一群好奇而激动的观众。和其他成千上万的观众一样，我与朋友跑到厨房，然后打开那台老式的黑白电视机，观看《王朝》首日的播出，试图发现这部肥皂剧究竟讲什么。数周之后，由于还有其他事要做，我们不再看这档节目了，我们相信自己已经明白了这部肥皂剧的意思。6年之后，我到加勒比海的热带特立尼达拉岛，进行民族志田野调查。在特立尼达拉岛，大部分人正热衷于观看《王朝》这部肥皂剧。尽管当地也有其他的肥皂剧播出，特别是在午饭时有一档电视节目"年轻与骚动不安的一族"非常流行，但人们似乎对《王朝》情有独钟。由于人类学的黄金法则告诫我们，在田野调查时，要尽量与当地人做同样的事，于是我租用了一台电视，并开始观看《王朝》。

我已经6年没看这部肥皂剧了，所以用了6秒钟时间，才重新适应其叙事风格。与其他同类的节目一样，《王朝》也按照多频道格式剪辑。在制作过程中，这部肥皂剧意识到观众在观看节目时，会不停地用手指按遥控器，一旦节目不合自己的胃口，就会切换电视频道。电视剧每隔7分钟就会穿插一个广告，这样吊人胃口的东西会使观众异常疲劳。而且，这种令人喘不过气来又快速播放的电视剧缺乏连续性。与其他同类的连续剧一样，《王朝》这部肥皂剧的播放速度快得惊人。

这样的时刻有碍于发展。20世纪70年代后期，大部分欧洲国家只有一两个（最多三个）国家电视频道。许多电视台都是国营性质，而且是非商业化运作。直到20世纪70年代中期，黑白电视节目在许多国家占主导优势。其中，最流行的戏剧系列《阿什顿之家》（The Ashton Family），乃是根据约翰·芬奇（John Finch）的小说改编而成。这个戏剧用非常严肃的方式叙述了二战期间一个英国家庭的故事，是体现缓慢与累积性的典型。如果观众错过其中一集，就会丢掉叙述的线索，因为故事的人物及其关系随着故事的展开不断发生改变。这预先假定了在没有许多嘈杂的选择下忠实并具有耐心的观众。这样，电视连续剧的基础是特殊事件产生缓慢反应的节奏，给未来行动的方向留下印记。《王朝》的基础是爆发性瞬间，《阿什顿之家》的基础是线性时间和自然的增长。

选择这两个案例，并不是因为它们特别有趣，而是因为它们能够说明我们文化的根本性变迁，其变迁方式是从线性的缓慢走向快速的瞬间。过去20年来，电视已经成了比以前更快的媒体，收音机也发生了同样的变化，这些媒体似乎变得更令人兴奋和喘不过气，并提供了更多的频道供人选择。这两个电视剧之间的关系，类似于互联网与书籍的关系。书籍具有连续性。读者可以从第一页开始阅读，还可以按照特定的顺序阅读。作者控制了供读者阅读的文本，因此可以自由建构一个累积性的和线性的情节或论证过程。读者通过阅读书籍，可以抵达一个新的知识或洞察力的平台。不管阅读的速率如何，书籍都可以是一个对阅读艺术的理想描述。

在网站与纸质出版物图书馆之间，存在一些重要差异。最重要的是，网站上的信息未经组织，可能按照字母顺序或其他方式排列。不同的主题与页面按照部分随机的方式连接在一起。网站也没有分出层次：现有的数百万网站，都可以在同一层次上进入。

多年来，万维网的积极使用者觉得，这是一个稠密而难以处理的丛林，每天都在变得更黑更密。当人们在网上寻找似乎并不在上面的信息时，很容易使人断定，网络是真实世界的化身，是博尔赫斯（Jorge Luis Borges）哲学故事中所说的巴别塔图书馆。这个神秘的图书馆包含已经写好的书籍以及将要完成的所有作品——也就是字母的各种组合。在那里一切事物都可利用，这些事物以外的其他事物也可利用，其他地方的事物也是如此，所以墨菲定律[①]在网上同样可以适用。在正常情况下,我们可以首先发现其他任何事物。正如媒体研究人员所言:网络就像汪洋大海。海里面满是黄金,但是能否找到一小块黄金,全凭个人的运气。网络不具约束性,既大众化又嘈杂。一些事物已经堆在其他事物的上面,但整体的堆码每天都在进行。

6.2 徒劳的信息过滤器

反对存储碎片的过滤器无法删除碎片。在网上冲浪所需的最重要的工具,既不是拥有大量随机存储空间的超快速计算机,也不是宽带连接器或最新的网络浏览器,而是好的过滤器——尽管前面这些设备都有助于网上冲浪。正如之前多次提及的那样,在信息社会并不存在信息的稀缺。目前的信息已经过多。如果没有机会将信息过滤,人们得不到自己需要的信息,就可能迷失方向,甚至在信息的海洋中淹死。

许多人愿意帮助网络用户找到方向,关键是可以从中获利。那些专门研究网络搜索的公司,在网络空间中取得了经济上的巨大成功。第一家这样的公司是雅虎!其中,Alta Vista 是当前最大的公司。有时候,只有这些搜索引擎的主页,能够与受大众欢迎的几家主要色情网站竞争。网络搜索引擎最简单的形式是数字索引。例如,如果你想勾画出近几个月之内萨克斯演奏者莱伯(Didier Malherbe)的活动,或想了解科索沃最新的政治局势,抑或是苹果公司最新的操作系统,你只要在搜索引擎上敲入关键词,几秒钟后就可以得到相关网站的链接列表。通常,一份无价值的列表可以容纳数千个链接。然后,你可以缩小搜索的范围,譬如,键入"苹果 OSX 下载",很快就可以得到一份更容易使用的列表,其链接数目不到 100 个。这样就大大缩小了搜索范围,便于找到你感兴趣的微观细节。

使用 Alta Vista 或类似的搜索引擎,并不比使用数字电话簿更优越。然而,研究人员正在不断开发信息过滤的新方法,目标可能是帮助网上浏览者阻止那些他们不想看到的或是向他们兜售商品的信息。后面这种

[①] 墨菲定律(Murphy's Law)是由美国工程师爱德华·墨菲提出的著名论断,其主要内容是:事情如果有变坏的可能,不管这种可能性有多小,它总会发生。——编者

情况使用的方法别出心裁，并且很有吸引力。多年来，我登录亚马逊公司的网站时，和其他上百万的客户一样，总会得到这样的欢迎辞："托马斯您好！我们为您推荐！"接着是各个主题的几个热门标题，这些主题基本上都在我喜好的领域之内，这是根据亚马逊公司开发的软件筛选所得。然而，过滤器的功能往往不够，如果你不觉得世界已经够嘈杂，我建议你用一个晚上的时间，阅读雅虎公司提供的信息类别，以此作为网上浏览的出发点。

过去，我们很多人容易接受那些提供给我们的信息，不管是日报上的新闻，还是电台的消息。现在，选择已经没有限制。通过网络，我们可以收听美国中西部频道，订购专门的新闻服务——也就是说，我们可以拒绝接受那些与战争及暴力有关的坏消息，可以掌握马来西亚的天气情况或者哈拉雷股票市场每日的成交量，也可以只了解好莱坞的最新进展。这些量身定制的服务可以有几个来源，并采用几种格式（电子邮件、网页和无线设备的信息）。在微软公司的信息里，从商务、健康、到天气、体育和旅游，每个人都可以选择自己喜欢的类别；而"美国在线"网页中心的资料，包括了从汽车到研究以及当地新闻等一切事情。其他可提供定制服务的公司包括 UnCover Real，它可以将你感兴趣的期刊目录定期用电子邮件发送给你。

在前一章，我已经指出为何我们迫切需要这类过滤，同时也证明了如果这类过滤（及其得到改善的版本）充分普及，最终留给国家公共环境的空间将几乎没有。因此，不能保证邻居已经知道政府最新的预算削减计划或坠机事件。可能他忙于紧跟苹果公司开发的软件，处在喜悦的追随之中，丝毫没有注意到国家足球队永久的悲剧。不像那些良好的旧媒体（比如报纸和国家电视频道），网络上的新闻位置不固定，也没有清楚的优先权。基本上任何事情都与其他事物一样重要，而且距离相等，因此，获得《印度人》（*The Hindu*）的电子版，与获得《独立报》（*The Independent*）的电子版一样容易。

由于一切事情都可以在网络上获得，在区分想要和不想要的信息时也不存在固定的社会分享惯例，因此每个人被迫开发自己的路径，对世界进行自己个性化的砍削（用软件市场的行话表述，就是定制化服务）。

6.3 MP3 式的网络发展

当前发展趋势的一个合理想象，是当前流行的数字音乐储存系统 MP3（当读者读到这段文字时，MP3 可能已被 MP4 代替），尽管很多人还是购买 CD——老式黑胶唱片的直接延伸。与印刷的书籍或报纸一样，CD 也是一个具有开始、中间和结尾的已制作完成的产品。因此，人们无法按照一时的想法剪贴内容。即使他非常痴迷贝多芬的第五交响曲，他也无法用瓦格纳歌剧的序曲予以代替。不管你喜不喜欢，它还是它本身。

MP3 是音乐的电子传输格式。无论是虚拟播放器（只能在计算机上使用），还是实体播放器，都可以播放 MP3 文件，而且可以在网站可以免费下载（大部分歌曲可在有争议的 Napster[①]上下载），当然任何人都可以下载。另外还有一些有偿服务，原则上需要花钱购买，比如贝多芬第五交响曲的 MP3 格式。当你付费后，就可以获得一个密码，然后就能下载一整首交响乐。当你有了 MP3 格式的交响乐时，就可以逃避第一段无聊的乐章，甚至跳过第二段迟缓的乐章，你可以按照自己的想法干自己的工作。不同于一张完整的 CD，MP3 播放列表只包含听者主动选择的曲目，比如绿洲乐队的曲调、马勒第四交响曲的第二乐章、巴托克第二弦乐四重奏曲的第一乐章、摇滚乐队的两首经典曲目、戴维斯（Miles Davis）和科特兰（John Coltrane）的老式唱片。然后，你可以把全部的乐曲装在便携式 MP3 播放器中，供汽车或电视机使用。

MP3 是网络逻辑的具体案例。原则上，任何事物在网络上都可以获得，每个用户将自己获取的片段汇总在一起。MP3 与 CD 的关系，就像网络与书籍的关系一样。

互联网非常适合当前盛行的新自由主义思潮，而且至少在两个方面为这种思潮的产生做出了重要的贡献。万维网（还有多频道电视、MP3 和"弹性工作"）可以提供自由和选择。但我们不得不注意它在其他事情中存在的不足，比如内聚力、有意义的环境和迟缓。

[①] Napster 是一款可以在网络中下载自己想要的 MP3 文件的软件，最初是由西恩·帕克创建。它同时能够让自己的机器也成为一台服务器，为其他用户提供下载。——编者

6.4 信息片段取代了整体

片段代替了整体。我们需要缓慢过渡到本章的主要观点上来,但作为序曲,我还要插入对互联网另一面的描述。20世纪60年代,自由理论家麦克卢汉作为媒体理论家名声大振,他曾经描述过视觉文化与触觉文化的差异,并比较了在不同的信息科技领域内,不同感觉在使用方面存在的差异。按照麦克卢汉的说法,现代化之前的人具有协调的触觉——各种感觉器官作为一个整体单元平等地发挥作用。"听觉—触觉"感知对于经历和知识异常重要。通过学校教育,视觉可以占上风并抑制其他感觉。(想一下柏拉图的洞穴寓言,这似乎已经发生)人类逐步受到抑制,思想开始变窄。书写使我们的耳朵多了一双眼睛,对麦克卢汉来说,这使一些事情误入歧途。他认为,单纯线性文本是碎裂的、缩减的媒介,会使读者脱离整体的经历,无法完全使用所有的感觉。从电视中,麦克卢汉看到了机会,可以在书写进行破坏之前重新创造感觉的整体。麦克卢汉在20世纪60年代写作最重要的论著时,对这种新媒体提出了乐观的看法——有些人对此会觉得不可思议。

麦克卢汉身故15年后,《连线》杂志认为他是互联网的守护神。一般说来,他谈论新媒体(尤其是电视)的很多东西,都出人意料地适用于万维网。就我关心的事情而言,我认可麦克卢汉观点的主要趋向,但是我的结论与他恰恰相反。以碎片方式发挥作用的,其实不是书籍,而是电视。书籍与万维网的关系,犹如单频道电视与多频道电视的关系,线性时间是一种贵重的资源,经不起我们的浪费。在此背景下,提出一整套对比说明工业社会向信息社会、国家建设向全球化以及书籍向监控器的过渡,是非常诱人的。例如,可以列出以下的对比:

工业社会	信息社会
CD和黑胶唱片	MP3
书籍	万维网
单频道电视	多频道电视
书信	电子邮件
固定电话	手机

甚至还可以包括下列内容：

终身一夫一妻制	阶段性一夫一妻制
铁饭碗时代	灵活就业时代
深度	宽度
线性时间	片段化时间
信息不足	信息过量

以上所列的最后一点，将在本书末尾一章进行分析。现在，我们集中谈论新信息管理体制的效果。我支持麦克卢汉的重要观点：信息碎片化浪潮是我们这个社会的典型特征，它刺激了一种思维方式，很少令人想起工业社会的精确的、逻辑的和线性的思维方式，而使人更多地想起自由组合、诗性和隐喻性的思维方式，这些是许多非现代社会的特征。信息社会提供的是脱离语境的标记，而不是按照整齐的行列给知识排序，这些脱离语境的标记或多或少都彼此关联。

产生这种变化的原因，既不是万维网的引入，也不是多频道电视的出现。相反，根据前一章的分析，与信息有关的每个领域都在迅速地增长，但是用来消化的时间却远远没有以前那么多。

当代文化正在全速运动。加速度与指数增长的裙带关系导致了垂直的堆垛。由于两翼是专门留给具有特殊利益的小群体（比如前卫摇滚、理论物理、社会人类学方法和希腊史诗等），中间部分的堆叠越来越高。把空间隐喻转译成时间维度，意味着没有空余的时间可以传播信息，只好将信息压缩并堆叠，其时间跨度就越来越短。举例来说，就像市中心建高楼大厦，但在市郊到处都是平房。电视剧《王朝》、多频道电视与商业赞助的电视连续剧具有同样的逻辑特征，这种逻辑就是要使最具竞争性的新闻节目日益变短，商业广告的播出时间也要越来越短。下面，我还要举一些例子来说明这一点。

6.5 垂直堆垛

垂直堆垛（vertical stacking）的概念源于一本讨论前卫摇滚音乐的书籍。

20世纪70年代前期,在一些留着长发身穿长外套的披头士中,前卫摇滚这种音乐风格非常流行。当朋克使主流年轻文化不仅可以嘲笑任何敢在舞台上堆叠电子合成器的人,还将不正确使用乐器作为一种美德时,前卫摇滚被迫转入地下。20世纪90年代后期,互联网掀起复古的浪潮,和别的事物一样,前卫摇滚乐再度复苏——有时候不得不承认,这带来了灾难性后果。北美哲学教授马丁(Bill Martin)在为自己喜欢的摇滚乐队(包括从Yes到King Crimson乐队)辩护时,试图解释近十年来计算机与录音室制作的舞曲有何问题,包括豪斯舞曲、高科技舞曲、鼓和贝司及其他音乐流派——这些实际上都可以称为非线性的、重复的并有节律的舞曲。在他看来,这些音乐缺乏连续性和方向性,在任何地方都不能占据首位——不像贝多芬、戴维斯和齐柏林飞艇乐队(Led Zeppelin)的风格。欣赏这些音乐,通常需要进入一间充满各种音乐的房间里,呆在里面不觉得冰冷,才可能进入角色。马丁喜欢线性乐曲,可以陶冶内心——尽管有一部分可能是即兴创作而成。对于新的节奏音乐,马丁这样评价:

> 至于后现代的建筑艺术,按照堆垛的观点,原则上任何声音都可以与其他声音合拍。然而,即使最折中混杂的建筑物,也必须具有地基,能够与大地牢固地铆合在一起。同样,垂直堆垛的音乐往往取决于持续的拍子。有些舞曲堆在其他舞曲的上面,却往往没有太多可整合的音乐风格。

马丁怀疑这种音乐是否可以创造任何真正的新事物。"垂直堆叠的方法含蓄地(甚至明确地)接受一种观点,认为音乐(或者更普遍的艺术)只不过是填充网格的复合物。"当然,我个人并不准备支持这种论点,但是关于专横的时间,马丁提供了一个绝佳的案例:堆垛互相重叠,每一个空隙都被填满,内部几乎没有整合。堆垛替代了内部的发展。

极具天赋的音乐家和作曲家伊诺(Brian Eno),是新式节奏音乐的先锋和教父。早在20世纪70年代,他就提出了"环境音乐"的概念,这种非线性音乐可以起到听觉壁纸的作用,正如《机场音乐》唱片套上的说明所言，因为容易使人忽略才值得一听。

在节奏音乐的领域，很少有人能够超过伊诺。1995年他开始写日记，第二年就把日记中记录的乐曲出版了（可能经过了编辑）。1995年9月8日，由于摇滚乐取得了突破性发展，他勾勒了通俗音乐的发展阶段。他建议将其分为十个阶段，并将不久之后的发展阶段定为第十一个。我们感兴趣的是伊诺所说的第十阶段的内容，也即1991年到1995年，此时已经进入了书写时代。伊诺给其他时代都贴上了诸如"合成流行乐"或"华丽摇滚"之类的标签，却这样分析20世纪90年代的特征："参见1964—1968年或1976—1978年的音乐。"换句话说，没有什么新东西，只不过是把前面的潮流切碎后重新拼凑而已。作为兴趣一般的旁观者，我独特的感想倾向于赞同伊诺的观点：多年来，我们似乎立刻就拥有一切。每一种想象的复古潮流依然存在，同时过去时代的大明星在当下依然出名——比如威尔士的低音歌手琼斯（Tom Jones），被那些念旧的人重新唤醒。除了非线性音乐和重复的舞曲，20世纪90年代的流行音乐取得了与甲壳虫乐队大致相同的突破性发展；重金属乐队承担了20世纪70年代中期紫色乐队（Purple）与齐柏林飞艇乐队留下的挑战；"新迷幻摇滚"乐队从某种程度上类似1968年的软机器乐队（SoftMachine）或者是1965年的平克·弗洛伊德（Pink Floyd）乐队。同时，还有能够真正保持大牌名气的艺术家，譬如迪伦（Dylan）、滚石乐队和桑塔纳乐队，他们都保持了近40年的生命力。

推动激进的政治家前进的力量是对进步的线性信念——一种对发展的强大的道德意识，前卫摇滚音乐（还有其他音乐）对于发展具有内在的信心。音乐家总想把手边的乐曲提升到新的高度，摒弃以往的乐曲，并创造更好的新东西。马丁区分了线性音乐与非线性音乐的差异，认为这类似于现代与后现代的对比，不幸的是，近一百年来，当代音乐家都创作非线性的音乐。

无论如何，对于流行音乐趋势的讨论，一般存在两个具有特色（还远远不是典型）的观点，与我们讨论的问题直接有关。

其一，趋势的堆叠表明不存在变迁，只有再循环。摇滚乐和流行乐只是表面现象，但是可以作为晴雨表。当甲壳虫乐队复制绿洲乐队的风格时，老牌的滚石乐队以及菲尔·柯林斯（Phil Collins）风格毫无疑问是这一领域的大师，这或许是文化无法自我更新的表现。马丁也认为没有真正的创新，只有新组合的连续水流。专横的时间具有填充空隙的特征，这对创新性非常不利，对此我将在本书最后一章进行论述。松弛的时间预算产生空隙，从中会出人意料地产生新事物，而排得满满的时间表则不可能产生新东西。

其二，在摇滚、爵士与新节奏音乐的听众之间，存在着巨大的差异。节奏音乐一直在向前发展，摇滚和爵士乐则有开端、很长的中间过程（内部发展）和结尾或高潮。有趣的是，印尼的加麦兰乐曲，是重复性乐曲的作曲家产生灵感的重要来源，这些作曲家中最典型的是极简抽象派艺术作曲家里奇（Steve Reich）。这种音乐是从传统的仪式文化发展而来，没有线性的发展概念。当代文化正在加强本质上非线性的方式，考虑到麦克卢汉针对其后果所提出的观点，与加麦兰音乐的联系还是很有趣的。

对于那些不在乎甚至漠不关心加麦兰乐曲、极简派艺术、迷幻舞曲（trip-hop）与前卫摇滚音乐之间关系的读者而言，这个讨论似乎有点深奥难懂。但是，在我们彻底撇开这事之前，还有很多要说的东西。在卡斯特（Manuel Castells）有关信息时代的著作中，有些地方对新世纪音乐（new age music）进行了简短的评论。他将其看做我们这个时代的古典音乐（虽是这是个有争议的断言，但却是对的），并将其描述为供"瞬间与永恒、我与宇宙、自我与网络进行双向参考"的表达式。沙漠的风与海洋潮汐为许多重复性模式创造了背景，这些模式组成新世纪音乐。这是声音低沉单调、没有分期和拖延的乐曲，它不仅是对日常商业竞争的矫正，而且具有完美的对称性，因为它容纳了时光的流逝。

可以列举不同的例子来说明：当越来越大的信息量以逐步增加的速度分散时，要创造叙事、秩序和发展顺序，就会日益困难。碎片有成为霸权的威胁。在宽泛的意义上，我们将知识、工作和生活方式联系起来，这是必然的后果。因果关系、内部有机增长、成熟和经验，这些类别都在此情形下承受重压。比如音乐的案例明显是有争议的（我们许多人在这个问题上都有自己的感情，不是么），但主要是用来作为例证。此类现象自然是非常宽泛的，比如新闻业、教育、工作、政治和家庭生活，都受到垂直堆垛的影响。首先，我们可以看一下新闻业的实例。

6.6 信息世界的报酬递减法则

报酬递减法则具有猛烈的冲击力。关于电视的痛苦，在一本极度悲观的、批评性的手册中，布迪厄（Pierre Bourdieu）提出了一种熟悉的、却不容小觑的论据。他宣称，碎片化的电视瞬间伴随着快速的转换和快节奏的新闻业，创造了公共智力文化，这种文化有助于特定的参与者。布迪厄把他们称为快速的思考者。比利时的卡通英雄卢克（Lucky Luke）非常出名，他画自己的枪比画影子还快，快速思考者是用来描述那些"思考速度比加速的子弹还快的人"。这种人可以在直接传送的数分钟内，解释欧盟的经济政策错在哪里，以及今夏为何要读康德的《纯粹理性批判》，或者解释种族主义伪科学的根源。然而，在一些特殊的事件上，即使最厉害的脑袋也需要时间反省，若要作出精确和足够细致入微的描述，则需要更多的时间（有时候还会多得多）。按照布迪厄的说法，在这个匆忙的时代，这种思考者是无形的，事实上失去了影响力。（从平庸的意思上看，布迪厄的看法显然不对。当代没有任何思想家能比布迪厄更具影响力，但很明显他没有把自己定义为快速思考者。）

布迪厄的论点与我们观察到的结果一致，换句话说，媒体吸引力——而不是他们的政治信息或有黏着力的愿景——已经成为政治家最重要的资本。这已经不是一种全新的现象；在美国，首次出现此迹象是在肯尼迪打败尼克松，获得总统职位之时。无论如何，按照布迪厄的观点，结果就是那些人讲话像打机关枪，写字采用黑体和大写字母，能够提高影响力和播放率——而不是缓慢行进和讲究系统。

问题在哪里呢？为何那些拥有快速准确思考天赋的人，却以这种方式被蒙上污名呢？换句话说，快速思考错在哪里？除了只在缓慢模式下才能奏效的思考之外，一些合理的论点只能在连续的方式中发展出来，不允许不耐烦的记者在节目中打断其思路。布迪厄提到一个实例，可供许多专业学者去鉴别。几年前，布迪厄出版了《国家贵族》一书，研究法国教育系统的象征权力与精英构成。二十多年里，布迪厄对此领域甚感兴趣，一直在构思这本书。一位记者提议，由布迪厄与大学校友会主席搞一场辩论，后者为正方，布迪厄为反方。布迪厄酸溜溜地总结说："至于我为何拒绝，我觉得他压根就不会明白。"

布迪厄没有明确探讨这个主题，但是他的观点必然导出这个推论——在信息爆炸的时代，媒体的参与也得遵循报酬递减法则。20世纪90年代以前，如果一个人受邀参加电台或电视台的节目，他就要在演播室做好充分的准备。在去参加节目之前，他要刮胡子（即使是参加电台的节目也是如此），还要穿一件刚刚熨过的衬衫，系一条合适的领带，然后带着略微紧张的心情去演播室，并要有决心能够将自己的观点简明清晰地讲述出来。现在，越来越多的人不愿意参加电台或电视直播节目；即使有时候去，也多是三心二意且缺乏热情。由于电视节目的观众和嘉宾都意识到，随着电视频道的增加，每一个节目的影响力正在减弱，电视频道和脱口秀的数量越多，每一个节目发挥的作用就越小。沃霍尔（Andy Warhol）直接受到麦克卢汉的影响，似乎需要人们有意理解他的观点："未来每个人都可能因为15分钟而出名。"（若是现在，他可能会说15秒钟）

在媒体世界中，与堆垛和加速度有关的作用，是新闻日益变短的趋势。有一个笑话说，小报为了吸引读者的注意力互相竞争，当战争最终真正爆发时，报纸的头版只有空间书写"W"这一字母。这个笑话阐明了报酬递减的原则（或者说边际效益下降原则）。这个原则在加速发展的文化中非常宝贵，在基础经济学课程中，教师们倾向于使用食物和饮料作为范例阐述这个原则：如果你渴了，第一杯碳酸饮料对你来说具有非常高的价值，第二杯也有很高的价值，如果你还感觉很渴，你甚至愿意为第三杯碳酸饮料付钱。但是，你喝完饮料之后，商店里那些剩下的饮料对你来说就突然没有价值了，你绝对不愿意再为那些饮料支付一分钱。另外，如果每个月只允许你享用一次酥软的牛排加上调味品，它们就具有非常高的价值。而当牛排成为日常食物后，其价值就大大降低了。一件商品的边际效益可以被定义为，人们在此商品的最后一个单位的价值上愿意花多少钱、多少时间或多少注意力。尽管到目前为止，这个原则尚未被用于我们所做的每一件事上（许多活动，比如吹萨克斯管，人们做得越多报酬就越高），但是，它的确能够为我们提供重要的洞察力，以便理解布迪厄所说的情形——人们如何制作和消费新闻及日益增多的信息。在这方面，很容易看出最终需要的更强的效果，因为公众习惯了速度和爆发性的沟通方式。

同时，更重要的是，实际生产新闻和其他信息的人——新闻记者，都在经历本领域内逐渐增加的拥挤程度。读者、听众和观众花在每一小片信息上的时间已经越来越少。因此，各类出版社的编辑工作（从网络、无线通信到报纸），也在日益削减。我偶尔给出版社写稿子，有时候也作为他们的采访对象，但从未听他们有人抱怨报章杂志的篇幅太短。（自然，他们总梦想："瞧，你做的采访，不能够再短一些吗？我的意思是他不可以说一些其他的事吗？他那些夸夸其谈的言辞，不能写得更好一些吗？为了避免误会，我们应该在报纸上消除愚蠢和不相关的争论。明天中午之前你能在再给我一段 100 字的文章么？"）

无线上网设备接收的新闻，处在加速发展的新闻业最时髦的写作时代，它所提供的故事长度，使得《镜子》看起来像普鲁斯特的作品。作为补偿，他们每 30 分钟就更新一次。对那些还不适应这种速度与简洁性的人来说，这种报纸就像一个小虫子，当我们困得打瞌睡时，它就在耳边嗡嗡作响。可以这样比喻，无线上网设备接收的新闻＝赤道非洲的蚊子问题。然而，这种策略显然有起作用的趋势，原因在前面详细阐述过。在一定数量的图像或文字之后，信息的边际效应剧烈下降；最初的 10 秒内边际效益相当高，但之后呢？

对于这种推理方式最常见的异议，是认为缓慢似乎可以在媒体中复兴，至少在欧洲国家是如此。例如，专用的电台频道一天 24 小时都播放古典音乐，就能将深入得体的推理和提供信息背景的可靠新闻变成人的"感知需求"。在世界范围内，这种情形似乎来自伊斯灵顿（Islington），而不是源于弗利特街（Fleet Street）。大幅印刷广告日益减少，小报（越来越像纸质版的电视）逐步增多。喜欢"缓慢复兴"的群体数量可能被精确到十分位，在这个规模上各处都有略微的增加；喜欢快节奏的群体，则可以大批量计算。在挪威，电台的节目可以让专业学者谈论 30 分钟，这个节目名为"P2 Academy"，已经坚持播出了五年多，内容包括黑洞、青少年犯罪、文化的概念以及类似的权威性问题。听众非常喜欢这档节目。节目主持人与嘉宾同样积极。

6.7 被腰斩的连续性

信息的线头破坏了连续性。快速思考者受人喜欢，慢速思考者甚为愠怒，有时候还会被诸如布迪厄文章一类的东西激怒。慢速思考者并不孤单，他们对当代新闻业的抨击，是站在自豪的社会主义阵营中，代表保守的知识分子谴责大批量信息生产的庸俗性。这一传统可能始于托克维尔（Tocqueville）[①]，他抨击过实用主义、民主和肤浅的北美殖民文化（柏拉图也说过类似的话）。但是在两次世界大战期间，法兰克福学派——马尔库斯、霍克海姆以及阿多诺——达到了顶峰。20世纪30年代，德国犹太人的悲观主义一定有自己的理由。这并不意味着他们错了。当波兹曼（Neil Postman）写下"现在学生在试卷中已经不使用'因为'这个词"时，他指出的问题与布迪厄讨论的一样，对此前面我已经深入讨论过。当不安定的、闪烁的注视和显著的俏皮话占据主流时，一致连贯与因果关系就消失了。加尔东（Johan Galtung）在他最近的回忆录中，写下了20世纪90年代他与学生在一起的经历：

> 长时间接触太多闪烁的图像，这是现实的共时性经历，现实是具有丰富细节的图像，而不是横贯时间、因果链和推理的线索。这两者我们都需要，但现在思考能力正在被缓慢的扼杀，这对视觉、听觉、味觉和触觉有利——然而感觉的放纵留给理智的空间很小。

在最近一份有关挪威高等教育的报告中，包括了一个与"全日制学生"有关的段落。好像学习已经不是全日制学生的主要活动了！实际上，欧洲的各种理工学校和大学的大部分教师，从20世纪70年代以来，都经历过

[①] 托克维尔（1805–1859），法国历史学家、社会学家。主要代表作有《论美国的民主》第一卷、《论美国的民主》第二卷、《旧制度与大革命》。——编者

这种逐步的变迁。生活成本和消费预期都已经上涨，大部分学生不得不在课外打工兼职。以前，学生主要是在假期里工作，现在在周末和晚上兼职的也很普遍，目前给我印象深刻的是学生的兼职与学业衔接似乎天衣无缝，分不清哪一项才是他们的主业。近年来，我给硕士研究生安排的监督会议遭遇越来越多的问题，因为他们有很多时间都在做自己的兼职工作。学习不再是其本身的样子，而是年轻人都市生活全部经历的入口。自然，这个结果不是学生的问题。和我们一样，他们都是垂直堆垛的受害者。学习竞争的活动范围每学期都在增加。在我们坐下来花6个月的时间阅读《精神现象学》之前，往往有一些着急的事情需要先去处理。每一位大学教师都知道，透彻地学习一门复杂的课程，需要很长的一段连续集中精力的时间。由此还会产生失眠和焦虑，以及在很长一段时间内食欲不振。另外，爱情生活也会出问题。当代大学生还会出现心不在焉和超然离群的现象。（在过去，我们还会加上许多高度过滤的咖啡和烟草）这类学生还大有人在，但是很大一部分已经属于不同的另类。当他们出现在教室时，他们都是在从一个地方赶到另一个地方的路上；他们每天都有很多很多的活动，从俱乐部到兼职的场所，不停地调换电视频道、网上冲浪和交朋友等等。如果他们想跟上周围环境的节奏，并增加自身的就业机会，就不得不从那种缓慢的修道院式生活中脱身。在劳动力市场，富有吸引力的申请者的简历，表现了丰富多彩的经历和快节奏的生活。

学术界的新形势——缓慢获取知识的边际效益正在下降——使我们不再想当然地认为，最聪明的学生一定会从事研究和教学工作。大学要么适应市场（市场当然很大，而且这一切正在英国和北欧发生）并加快教学的步伐，要么重新将自身定位成反主流文化的状态，体现缓慢、透彻和反省。

我的处境与学生们类似，尽管我的研究时间没有被外在的谋生需求、看电影、音乐会或镇上的晚会切割成无用的小块，但是会被信息线头的普及分割成碎片。这些任务包括回复电子邮件、接电话、文件归档、回信、预订机票、阅读不完整的报告和其他官方文件。在最终坐下来忙一些不同事情的时候，总有一些其他的事情需要先去完成。当有很多任务等着我们去完成时，优先考虑的任务应该是首先想到的或实在无法再等的事情。令人惊讶的是，很多学术计划的主要工作从未超出计划初步阶段的范围。专业书籍越来越像糨糊加剪刀制成的拼贴画，里面有一小段是会议的论文，另外一些是期刊论文的摘录。我们可以拿出五分钟甚至是半个小时去完成一项任务，但从来不会用五年时间去做一件事。由于信息比人口的增长要快很多，涉及我们每一个人的事情必然会更多（尤其是那些被确定为信息交换台的人）。新信息的边际效应几乎为零，因此如果使用日益减小的尺寸包裹信息，就更容易吸引人的注意力。这些摞在一起的小包裹，很容易形成一座纤细而摇摆的塔，高度很快足以触到月亮。

　　用尺寸日益减小的积木灵敏地堆叠，是一项向许多方面扩展的技艺。有节律的舞曲、万维网、多频道电视、新闻业、学习与研究都是本文提到过的案例。运用奇思妙想，人们可以将越来越多的积木组合起来（所以高科技音乐是一个显著的案例）。在一定程度上，这个过程是被量化和证明过的，其结果只能被体验。各种各样的信息日益堆叠在一起，就像巨大的乐高积木塔，砖块毫无共同之处，但事实上却可以彼此契合。速溶这一术语不是因为雀巢咖啡这样的产品在全球取得成功后才成为理解当今时代的核心概念。"瞬间"或"即刻"是表面的、肤浅的和短暂的。当瞬间（甚至是下一个瞬间）占据所有人时，我们就不再能为"积木"提供建筑的空间，这些积木可以与其他积木一起建成一个或几个立体基阵。现在每一件事都必须与其他事互相交换。入场券不得不廉价销售，最初的投资只能适中。迅捷的变化和无限制的灵活性成了主要的资产。最终，任何事物都只剩下单一的、满溢的、被压缩的永恒一刻。不妨假设未来某个时候会达到这一点，过去与未来都能完全抹去，我们就达到了绝对的极限。想想维利里奥的话："不再有任何延误。"很难设想这件事的发生——许多人类普遍经历只在持续状态下才有意义。然而，在一些领域，时间存在被极度压缩的趋势，其中有一些可能是我们并不想要的，比如消费、工作和个人身份形成。这是下一章要讨论的话题，是专横的时间在生活方面产生的后果，与互联网、迷幻音乐和加速发展的新闻业没有直接的关系。

第七章
睡觉都可以工作：乐高积木综合征

> 工作的完成过程，将会拓展到刚好可以充满全部可以利用的时间。
>
> ——帕金森法则（1955年）

在我一生中，每个典型的工作日都是从我打开办公室的门那一刻开始：启动咖啡机和苹果计算机，播放自动应答电话中的留言，同时记下需要回拨的电话号码。这些事情做完之后，我才会脱下外套挂在衣帽钩上，正式开始一天的工作。我打开电子邮箱，处理早上的第一批电子邮件，然后从我的私人信箱中收取其他的信件。堆积的信件里包含出版社定向发送的广告宣传册，一些讨论会的邀请函以及专业期刊的目录，这些东西必须定期更新。然后，我会登录Usenet，参与8—9个所谓的讨论小组，在那里我可以展开与工作有关的全球讨论。期间，我还会阅读几份报纸。

每天我要发送和接收3—6个传真，收发五六个电子邮件，还要接听10—15个电话，并写3—4封信件。事实上，一天的大部分时间都消耗在这些任务之上。我甚至还来不及思考我最终需要在办公室完成的事情，也就是研究、教学和学科普及化——这些才是我的职业工作。在办公时间，我很少有时间能连续思考两个问题，更别提连续读完两页文章了。为了写一篇比报刊文章更长一点的论文，许多专业研究人员不得不使用周末、假期和晚上的时间——这时候没有电话在身边。

这是1995年我为报纸所写文章的开头一段。从那时开始，情况已经发生了一些变化。我不再参与Usenet的讨论，也不再订购邮件用户清单服务；作为一种反向的补偿，今天我收到了很多很多的电子邮件。但是，我几乎很少再发传真，纸质信件的数量也在减少。除了具体的细节之外，我不能否认以上所作的描述还是十分切合今日的情形——不仅仅对我是如此，还包括成千上万的人，他们正以不同的方式受到信息社会副作用的影

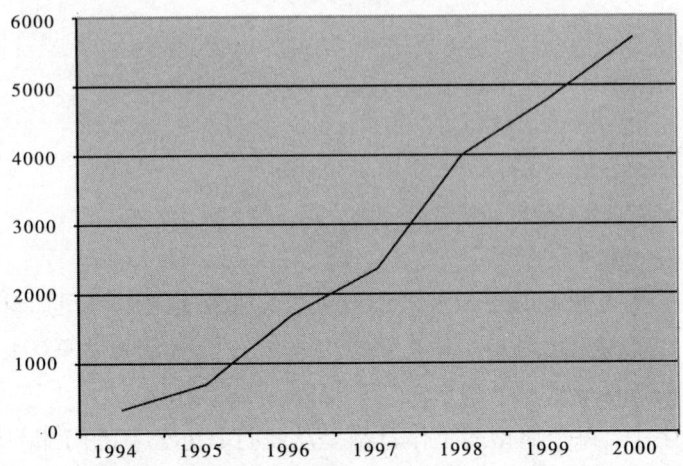

图 7-1　1994—2000 年接受电子邮件的数量变化趋势

响。我要将这一章献给他们，我不仅仅是作为信息的生产与消费者，而且偶尔作为人来讨论这个问题。但是现在，我要小小的离题一下。

生活在公元前 6 世纪埃利亚的芝诺（ZenoofElea）①，在那些与哲学家巴门尼德（Parmenides）一起住在橄榄园中的学生里，他是最有天赋的一位。巴门尼德教导他"运动只是一种幻觉"——与常识相反，任何事情实际上都在十分安静地站立着。芝诺试图证明巴门尼德是对的，他凭借四个悖论做到了这一点，其中最著名的是阿喀琉斯与乌龟的故事。

阿喀琉斯与乌龟举行了一场跑步比赛。乌龟当然爬得很慢，而阿喀琉斯却是参加过奥林匹克运动会的运动员。可是，乌龟的起始位置可以在阿喀琉斯前方几米处。芝诺认为，阿喀琉斯在理论上不可能取胜。首先，他出发后需要一定的时间，才能抵到乌龟最初的地方，但是很快乌龟又会继续往前爬行。这样，他就不可能追上乌龟此时所在的地点。当他到达乌龟前一时刻所在地点时，乌龟又向前爬行了一段距离，如此反复，没有终结。

---

① 埃利亚的芝诺（约前 490 年—前 430 年），古希腊哲学家，他以提出了四个关于运动不可能的悖论而知名。他创造这些悖论是为了支持他老师巴门尼德的理论。他认为世界上运动变化着的万物是不真实的，唯一真实的东西是巴门尼德所谓的"唯一不动的存在"，所以"存在"是一而不是多，是静不是动。——编者

每一次阿喀琉斯到达乌龟刚刚所在的位置时，乌龟总会早一点点离开该处，也就是说乌龟总会在他的前方。随着比赛的进行，两者之间的距离明显在减少——最终接近零。但是在原则上讲，阿喀琉斯永远不可能超越乌龟。

虽然比芝诺晚两个世纪的亚里士多德认为他的观点有误（很容易看出这种观点具有同情心），但是直到柏格森出版首篇论文《时间与自由意志》时，才对时间与空间作了鲜明的区分，令人满意地解决了这个悖论。柏格森认为时间的持续与空间没有关系，芝诺误解了时间点的含义，结果就产生了这个令人困惑的悖论。按照柏格森的观点，将时间特殊化就会使人产生误解。

前面我列举的那些与加速度和堆垛有关的案例，可以视为对芝诺最著名的悖论拐弯抹角（但并非不正当）的注解。芝诺使人们注意到时间与空间的关系。他认为在理论上讲运动是不可能的，因此不得不将它作为一种错觉。任何人都想知道为何哲学家会因为不接触现实生活而出名。这个结论在这里不太切题，但同时又清楚地体现了通信技术创新极大地改变了时间与空间的关系。理论家已经提出了奇特的概念以处理这些问题：鲍德里亚（Jean Baudrillard）谈到了**时空轴线的内爆**，吉登斯（Anthony Giddens）认为**时空坐标系已经瓦解**，卡斯特认为**流动的空间已经代替了固定空间**，哈维（David Harvey）谈到了**时空的压缩**等等。

持续一定的时间就要相应通过一定的距离，这种看法已经行不通了。因为在前面几章，我已经阐明延迟、间隙和缓慢正在面临各种各样的威胁。在此背景下，不妨将芝诺悖论进行更新和再论述，权且作为埃里克森悖论：如果将时间分割成足够细小的片段，它就不复存在。也就是说，预设任何事件都需要一定的时间，时间分成足够小段之后，就无法持续地存在，但可以作为时刻存在，每一个时刻可以被其下一个时刻赶超。显然，在很多互不相关的领域，也可以看到这样的模式。直到前不久，我们还在面对一个选择——在数量有限的"个人认同包装"里做出选择，这种"个人认同包装"被明确地定义：我要么是这些人中的一员，要么就是另外一群人中的成员。我可以像我的叔叔那样去商店购物，也可以在救世军中找一份有意义的工作。我要么是一个左翼分子，留着长发带着圆形眼镜，对北大西洋公约组织和核电持批判的态度；要么是一个圆滑世故的保守派成员，从育婴、税收到军事问题的一切事物，都支持执政党的观点。

在这种情况下（这种情况可以贴上"现代"标签），我们这些在自由主义和个人主义国家里的公民，每个人在出生时都会收到一盒色彩斑斓的乐高积木，这种装备具有各种特殊的指令，你可以选择其中的一种！现在（可以贴上"后现代"标签），我们也接受了同一个乐高积木的盒子，但是很遗憾这套指令已经丢失，而且，我们似乎被迫进行重建——至少修改我们每天摇摆的结构。这一定就是吉登斯所想的事情，他在《现代性与自我认同》中，提到了作为事业的自我。它并非一个给定的整体，而必须被反复地创造。在其他很多不同的领域中，也可以看到具有这种效果的趋势，比如个人认同（我是谁？）、工作、职业生涯、家庭生活、消费习惯、口味和政治信念。接下来，我要探讨时刻的固定、堆垛和乐高积木综合征如何影响社会生活、劳动、家庭生活、休闲和消费的中心圈。在加速度、堆垛和指数增长的标题之下，我们已经从不同观点中得到描述的模式，体现出了变化的方式，也是当代人生活的支柱。

7.1 "弹性"工作的假象

加速变化的职业生活体现了灵活性和不安全性。《职场启示录》（The Corrosion of Character）是一本重要且具影响力的小册子，谈论了新经济以及它对人们生活方式与个人身份的影响。作者斯内特（Richard Sennett）描述了20世纪90年代新兴经济中的成功人士——灵活、懂得随机应变并掌握技术的人——在生活的中心经历真空的感觉。他没有谈论那些"书呆子"类的人物，按照故事里的内容，这种人永不结婚，只有很低的社会技能；相反，他谈论的是体面而普通的专业人士，就像美国人所说的，这类人为了过上丰富多彩的生活而奋斗。他们工作的领域包括金融、网络设计、电子商务、广告业、新闻业等等，甚至有很多人跻身多个行业。从某种程度上讲，他们工作的公司在10年或20年前压根就不存在，这些领域因为计算机革命发生了剧烈的变化。当伊芙琳（Evelyn Waugh）在写作《独家新闻》时（1938年），驻外记者所做的工作与在数字视频与卫星电视的时代的同种工作之间有着巨大的差别。不妨考虑一下1990年以前与现在的通信工程的差异：过去，通信主要依靠电线杆和电缆线。在类似挪威这样条件艰苦的国家（多山、锯齿形海岸线、人口分散），国有电信公司的工程师往往会吹嘘，他们的电信网络已经覆盖了99%人群，这得益于在贵重的基础实施方面持续的高成本投入。而10年之后，通信行业的人往往谈论互联网的门户网站、以卫星通信为基础的领域、短信、移动电话、互联网和视频会议。从20世纪90年代中期开始，全球移动电话的销售量已经超过固定电话的销量。在类似中国这样的国家里，为了保证通信覆盖面达到99%，在国内建设星罗棋布的电线杆与电缆线，绝不可能是一个好的选择。

远程通信的实例非常恰当，因为它在两方面起作用：一方面，这项技术构成了新社会的支柱，在新的劳务市场、新的消费与通信模式等领域发挥决定作用。另一方面，劳务市场突然间被迫适应新形势，因此，新技术本身就是劳动力市场的组成部分，能给从业人员带来显著的影响。在这种背景下，过去拥有丰富的悠久经历的老前辈，自然无法获得很高的市场价值。

斯内特描述的工人，已经脱离了由传送带和计时器支配的单调苦工。他们可以灵活就业，能够游遍天涯海角，并可以收发电子邮件。移动电话一直开机也已经成为劳动合同的一部分。在很多时候，他们在职业生涯中要数次跳槽（一般来说北美人比挪威人更不习惯固定在一个职业上）。在恒定的压力下，他们需要彻底改造、更新和改变对其现任工作的观点，并迅速调转方向和变化策略。他们的工作鲜有例行公事的味道。仔细研读《职场启示录》可以发现，斯内特说的只是一小撮人，大部分人并不渴望相对稳定的工作和一代之前就可预测的工作情形。他们享受新经济的灵活性和机会（这些机会只局限于少数人，但是每一个人都可以迅速地发展）。然而，在将生活与工作结合在一起时，他们会感受到一些严肃的问题，这些问题并非一系列不连续的事件和工作调动等等。

实际上，有些人不到35岁就已经油枯灯灭（顺便说一句，这个隐喻指的是热度除了具有速度之外，什么都没有）。在挪威，从1999年到2000年，因为亚健康请假的人数占了12%。按照首相的说法，为了证明2001年削减国家财政预算的合理性，如果政府把病休假和临时伤残抚恤金支出降到1998年的水平，国家就可以节约大约10亿挪威币的资金。别忘了，我们谈论的国家只有 450 万总人口。根据《英国卫报》的报道，40% 的美国工人认为他们的工作压力极大。压力并非在于有很多事要做，而是在没有做好其他事之前，无法做自己的工作。在英国，有 30% 的劳动力认为他们存在心理健康问题；在德国，有 7% 的人因为压力和沮丧提前退休。提早筋疲力尽的人已经明确承认了新世纪面临的文明化疾病。

从工业到信息经济的重心转移与新技术的出现，表明许多工人实际上在逃避"朝九晚五"的惯例。他们的工作地点可以在家里、飞机上（或者更有可能是在等待延误的航班时）、公园里或汽车上。待在工作场所已经不再是一个必要的条件。他们也许不再需要准时上下班，但是却被要求能够随时在线。

20 世纪 90 年代，随着新经济的发展，美国人使用的抗压抑药物及相关物质增长显著，斯内特虽然没有明确提到这一点，但他已经注意到了此事。1988 年，美国有 1.31 亿人开过精神刺激类药物的处方；1998 年，这一数字已经上升到 2.33 亿。这一年，光是"氟西汀"这种药物就有 1000 万患者使用。此外，还有数百万的北美人服用草药和其他非处方的刺激类药物（包括可卡因和安非他命），以便提高个人的精神状态。精神病学家伦道夫·内瑟（Randolph Nesse）推测，美国经济坚定乐观的特征以及金融冒险现象反常的传播，都与相对便捷的互联网工程有关。最直接的事实是这些物质使人们不再惧怕与焦虑。从 1992 年到现在，氟西汀的效果能够一直延绵不断吗？几乎不太可能，但内瑟的观点并非毫无意义。

工作与休闲的区别正在消失，工作占了上风。20 世纪 90 年代早期，在家里工作和远程工作的概念刚刚出现时，雇主们还担心会失去对工人活动的控制。或许，他们会怀疑员工们不工作，而是躺在沙发上喝啤酒并观看肥皂剧，并认为新的工作机会必然会弱化对员工的直接监管。20 世纪 90 年代晚期，其他方面的焦虑更能切中要害。新的工作方式的确很有灵活性，但不可避免地消除了工作与休闲之间的界线。在平等的基础上，最普遍的速度原则表明快者胜过慢者；若在特定的位置，则需要适度的想象能力才能看到劳动胜过休闲。这样，人们事实上就会一直"在工作"——如果他们期望如此或工作性质要求如此。

希望员工任何时候都处在潜在的工作状态，是目前新工作的重要维度。

完全的实用性具有感染力。当某些公司或员工开始这样做时，其他人就不得不紧跟，否则就会失去竞争优势。我的报道人告诉我说，他在公园里看到一个 30 岁左右的男子在与他 6 岁的儿子踢球。这个男子在玩球的半个小时内，耳朵上戴着的移动电话耳塞一直没有摘下来。

7.2 "金表时代"的远去

新的职业结构也是新经济的重要组成部分。"金表"时代已经远去，也不会再回来了。过去（或者说 1985 年以前），许多人从学校毕业后就进入公司。按照资格、功绩以及与上层的关系，他们在公司的职位变动非常缓慢。在公司忠实地服务 25 年后，员工就能够被合理地安排在金字塔形的等级结构中，公司的常务董事就会从他那巨大的桃花木办公桌后面起身，并授予员工一块金表，上面雕刻着公司的标记。

现在，如果一个人数十年干同一个工作，反而或多或少是一个失败者，因为他未能接触到当代的经济。夸张一点讲，那些大半辈子为同一家公司全职工作的人，已经越来越少了。兼职与弹性工作、自由职业、业务外包、独立的咨询公司和频繁跳槽，已经成了经济结构不可或缺的部分，不仅在美国如此，在北欧和英国亦是如此。

从公司的远景来看，公司领导面临的重要挑战，就是想方设法说服优秀的员工留下来。在不断变化的新经济中，如果拥有可供出售的技术，他就可以有很多的选择。灵活性与不安分几乎是一对孪生子。两者总是如影随形。

最后，很多公司似乎已经抹去了短期与长期计划的差别。所有的计划都是短期性的，因为没有人知道未来三五年内，这个世界（市场、目标群体、顾客和毕业生等等）会变成什么样子。

这不等于说过去比现在好。不管如何，我都不愿意生活在两次世界大战期间或 20 世纪 50 年代。新工作的灵活性的确创造了真正的选择和自由。传统工业化时代的特征是静态分层的组织模式，这种组织模式现在逐步被新的组织结构替代——虽然难度很大，但必须得承认，后者以网络为基础并以项目为导向的模式，是由手头的任务决定，而不是取决于公司的组织计划。公司的附属形式多种多样，很多时候既可以由员工的意愿决定，也可以依赖于公司本身的战略。个人主义的价值与选择已经被提到了新的高度，这本身并非一件坏事。

然而，新经济会带来很多意想不到的后果，其中一些直接受新经济的影响，还有一些明显令人不悦。首先，新工作使公司与工人一样脆弱。变动、动荡和速度的比率以及不再与计时器和"金表"签订终身劳动合同，能够给个人提供自由，不过需要提醒的是，自由的背后总有可能失去安全性。

其次，现在的工作往往特别注重特殊的人格特质。适应性、开放性、快速的工作作风和机会主义，在经济上和其他方面都可以取得成功。如果有人想知道为何教师职业代表一潭死水（薪水少、社会地位低并且补助微薄），这就是答案所在。教师的工作必定是一个缓慢和累积性的活动，需要依靠一套相对稳定的价值观。教师职业的理念与新时代已经相去甚远。

对于那些全部或部分沉浸在新经济中的人来说，世界不再相互联系可能是最重要的副作用。在不久的将来，能够大行其道的，既不是乐观主义也不是悲观主义，而似乎是根本性的公开与不稳定。主要的原因在于，当下已经发生倾斜，很难将其概念化。可以说在目前的时间内无法出现特定的方向，只能沉迷于自恋和对下一刻的迫切需求。

斯内特感兴趣的是不同生活圈子的关系，尤其是工作圈子与家庭的关系。他的研究对象对他讲："我特别忙，马上就要劳累过度，没有时间照顾家庭，但是这一切很快就能得到改善。"任何管理方面的专家都可以确认这一点，主管们很容易使用他们职业生涯的间隔来说明这一点。然而，并非只有那些忙碌和高薪的主管们拥有现在的这些毛病。许多领域与行业的雇员——新闻记者、学者、销售人员、官员和出版商——也觉得快速的工作时间正在拆散私人生活的慢速时间。由于工作被包裹进那些日益减少的片段（工作营业额、任务和惯例等方面的变换越来越快），而且需要越来越多的单个从业人员，私生活的逻辑已经显得过时并充满问题。尤其是家庭生活需要的一点时间，似乎很难与个人的职业协调关系。无论是在夫妻关系还是父母与小孩的关系中，很容易就能看出这一点。

对西欧国家增长的离婚率进行说教,这不是一种隐秘的方式。实际上,高离婚率可能是生活质量提高的表现。现在的北欧国家,很容易就能离婚,也很少有文化方面的处罚,这是对难以忍受的婚姻做出的现实选择。尤其妇女会受益于这方面的变化,男人与小孩则要更少一些。

贝特森(Gregory Bateson)对于灵活性的概念非常感兴趣。他在20世纪70年代早期所写的一篇文章中,坚持认为人类活动能够驾驭的可用能量越多,社会的灵活性就越少。因此,他从人类生态的角度提出了自己的概念,这个观念(可能源于莱斯利·怀特)认为,一个社会的"进化水平",可以看做其开发可利用能源的效率的函数。按照贝特森的观点,有效开发的结果不是社会取得了多大的进步,而是封堵了多少可能的选择。在农业革命及紧随其后的人口增长之后,已经不可能返回采集狩猎。工业革命及其对钟表时间的依赖性之后,数百万人具有了同步性和能量的高消耗,就很难设想再返回更开放和不固定的农业社会了。

贝特森对灵活性的概念界定,很容易解释我们现在讨论的这个主题。时间使用方面的灵活性表明,还有很多空闲时间,尚未被特殊的活动或特定的信息输入来有效地填充。在这些时间内,可以随意地思考,也可以缓慢地活动,既不需要设定目标,也不用考虑持续的时间,只是到处闲逛。欧洲学生在生活没有被塞满兼职、休闲和快速上课之前,还真有可能在藏书楼休闲地徘徊,并发现那些未曾预料的东西。当读书的过程逐渐导向应付即将到来的考试时,读书的时间就会更稀缺,学生将越来越难获得独立的发现。课外阅读变得没有多大必要了,因此成了一种奢侈的享受。于是,创造性就此消失。

贝特森注意到,一个领域内灵活性的增加,会减少另外一个领域的灵活性。如果这是一个普遍的原则,或许就可以用来解释新工作方式为何会减少其他事物的灵活性。这些新工作方式受到商业评论家和社会科学家的吹捧,认为它可以大面积地改善程式化"朝九晚五"的沉闷工作。家庭生活的时间被占用,休闲时间被工作挤占,连空隙时间都被小的任务充满。或者,从更普遍的原则来看,可以说当前巨大的灵活性见证了信息传播夺走人们时间的灵活性,人们的时间比以往填充得更满。

7.3 专横的时间中的家庭生活

家庭生活天生是慢速的,很难适合当前的时代。专横的时间已经进入亲密的空间,不管人们在道德上如何评定这件事,生活伴侣的频繁更改可以清楚地表明这一点。传统的基督徒坚守"到死也不分离"的信念,这的确是一个重要的安全阀:只有丧偶才能摆脱束缚并自由地再婚。以前,对大部分人来讲,这是一个非常现实的选择。婚姻具有持久性,尤其具有慢速的特性。印度人习惯家庭包办婚姻,也不会轻易离婚,他们经常会说:"西方人恋爱达到沸点时就结婚,随后温度逐年下降。我们结婚前互不认识,双方感情相当冷淡。但是结婚之后,夫妻感情就如低热电水壶里的水温一般缓慢上升。"与小说、论文或电视剧一样,婚姻的逻辑表明印度人的模式优于西方人的模式:它需要经过一系列的阶段,每一阶段都要建立在前一阶段的基础之上。无论日子是好是坏,夫妻一起共同面对,最终他们都会变老,出现恼人的怪癖,并且慢慢秃顶变胖,甚至皮肤出现很多皱纹。另一方面,的确可以看见小草越长越绿。然而,当变更配偶的门槛降低时,就会出现很多结果,其中之一是,许多人永远无法经历亲密关系的特殊阶段。他们一次又一次地退回起点,不眠之夜带着新冲动、跳动的心和不稳定性;最终,他们会有新的孩子、新配偶的父母、新的住房贷款以及到宜家家居里挑选家具的繁复(至少我有过此经历)的路程,并因基督徒的习俗是否合法引发新的争吵等等。就此而言,一夫一妻制是现存生活趋势的最佳例证,在世纪之交正以很快的速度发生变化。我们乐颠颠地回到起点,经常为自己有能力"保持年轻"而骄傲,成熟已经成了一个古怪的概念。

婚姻承受的直接压力来自于专横的时间。它需要未经调停的即时满足,并需要一直有新鲜的和更激动人心的时刻,这会对与历史、连通性和持续性有关的价值观产生不利的影响。家庭内外都有压力。婚姻的解体是很容易计量的家庭压力一部分;新工作及与之相连的加速度含义,是将家庭生活贬谪为一个剩余范畴,各种空闲的时间都被手头各类活动充满。由于家庭已经"缺乏功能"(30年来社会学家一直为此感叹),在新经济范围内,很难理解家庭究竟是为了什么。举一个稍微不同的例子,布里奇特·琼斯(Bridget Jones)与霍恩比式(Nick Hornby)人物特性——分别代表不成熟的男女彼得·潘们,通常要到30岁才能逐渐成长起来。

在功能上，家庭存在着很多的不固定性，许多父母的主要活动是将家庭时间进行工业化管理。例如，你今天带一个孩子去学小提琴，我带另一个去幼儿园。如果你带他们一起去乡下过周末，我就开始认真处理某些事情，下周就可以由我带他们去我父母那里。今天你待在家里，我就可以出去开会。明天早上我早点上班，你就可以星期四早点上班。好了，一言为定！

按照这样的方式，家庭生活安排得井井有条，这需要生产线的管理方式——同时工作的安排日益多样化和苛刻，需要个人履行的承诺也要丰富得多。

家庭对时间安排的商议，可以采用无可挑剔的民主方式——至少是在原本的竞争上有所进步：从无情的经济斗争到政治妥协，这种方法可以视为旧式家长制的进步。不足的是，很难给家庭生活赋予一种深远的意义，其中，日常时间预算的平衡，已经成了主要的成分。我更相信对于家庭而言，一段较长的持续缓慢的时间非常重要，因此与其他的社会领域相比，家庭要承受更强的压力。许多新经济的雇主都知道这一点。所以，他们喜欢雇佣单身人士，有需要时就可以劝他们或多或少地加班工作。甚至，他们会为员工配备一个新的手机，并且预存好话费，以便周末还能给员工打电话，要求他们立刻与办公室联系。

在此背景下，当代家庭的外部框架是瞬间的逻辑，它与家庭的逻辑特点正好相反。家庭生活既非劳动密集型，也非资本密集型，但却是时间密集型。具有嘲讽意味的是，与孩子待在一起的高质量黄金时间，是忙碌的父母每晚睡前与孩子一起享受的 15 分钟。父母参与严厉而苛刻的劳动力市场，工作与休闲的差别逐渐模糊，同时性别角色也不稳定并具有争议（没有人可以毫不含糊地分清好男人和好女人的意思），因此很难找到一个现有的节奏，使家庭生活具备特殊的质量——缓慢、自然发展和信任，这可以使家庭兴旺繁荣。

这些考虑并没有独到之处。然而，家庭作为生活的形式，需要面对由专横的时间造成的其他非理论化问题。

第一个需要解决的问题是知识的传播。它不仅影响到父母，还会影响从小学到大学各层次的教师。当文化迅速变迁时，某些人认为过快的速度会使文化失去立足点，这就不容易看到年轻人该从父母一辈那里学什么。

父母基于多年生活的经验所积累的智慧,并不一定与年轻人有关。20世纪40年代出生的人,怎么可能教70年代出生的人如何使用计算机呢?一个40岁的人该怎样苦思冥想,才能向15岁的孩子解释多种族的问题?在孩子上大学之前,父母怎么会知道去远东和拉丁美洲旅行的重要性呢?为何正常的青春期少女不得不每天给朋友们发送短信保持联系而不被社会隔离?认为政治是社会变迁的手段,又有多愚蠢呢?社会改变得越快,容纳的事情越多,代际之间文化传递的问题就越多。或者还可列举一个不同的例子:儿童与青少年可以逐渐自由地改变自身的价值观以及他们所认为的有意义的生活,把不同种类的知识碎片汇总在一起,从学校老师所教导的知识到最新版的任天堂游戏。持续性和连贯性遭遇失败,自发性与创新性占据上风。正如前面所提到的那样,乐高积木脱离了任何指令系统。不管是好是坏,它自然而然都依赖于内容。只有当人们缺乏价值观或忽视对问题的反思时,才会认真地思考创新本身是否是一件好事。可是,毒气室也是一种创新。

7.4 谁都想做年轻人

专横的时间引起年轻人的崇拜。与第一个问题关联的第二个问题,是年轻崇拜的极度泛滥。在一些非现代的传统社会中,成年人尤其是中老年人享有很高的社会地位。成年男女结合后生下小孩,既定的职业能够获得劳动成果和安全的自我意识,每个人在社会中获得受信任的地位并顺从他人的命令。欧洲人与非欧洲人的主要差别之一,是非欧欧洲人退休得早一些,往往50岁就回家养老了。这不能归结为非欧洲人的懒惰。第二次世界大战以后,几十年发展的现代性促使尽可能"保持年轻"成了一种既定的美德。在二战以前的斯堪的纳维亚北部,15岁的少年通常可收到象征成年的礼物———一个银质香烟盒和一套假牙(一般用鲸鱼的牙齿做成),表明他们的年龄已经足够大了,可以去海边寻找独立的工作,至少在劳动阶级看来,他们已经能够照料自己。他们十多岁就结婚生子,几乎等不到长大成人,就要照料自己的生活。

从那以后,生命阶段的边界逐渐变得模糊。青少年时期作为儿童与成年人之间的中间阶段，已经向两头扩展。上学之后的小孩子，几乎形成了具有强烈性别取向的流行音乐的一个核心市场，也形成了直到最近仍属青少年专享的衣着风格，而 40 岁的男人和妇女则被告知，如果能够保持年轻一总或酷一点，各方面都会好些，因此他们会借助整容手术、植发或吸脂等手段，这些往往不会阻止他们适应周围的环境。因此，他们会持续地感觉到个人身份的不确定与多变性，成为各类生活时尚产品市场的受害者。正如最近有人评论的那样，拉什（Christopher Lasch）在《自恋的文化》中，对当代文化的毁灭性批判，在书刚出版时还感觉甚好，现在则成了真实的需要。

专横的时间具有两个最显著的特征：年轻崇拜和知识传递的危机。这样的文化不重视成年人和长者，也不关心文化的来源，因而显得很没有头绪。

在每一个社会中，成年人的生活都与责任、可预测性和稳定的承诺有关。一个成年人知道自己是谁，哪一种价值最重要，以及——大部分情况下——必须为孩子与配偶还包括自己的父母亲与姻亲承担明确的责任。相反，当一个人年轻时，总是不固定、迟疑不决并且爱开玩笑，对生活持试验的态度，这意味着他们有机会获取根本的开放性。然而，他们还未承担一个特定的方向。将我们这个时代的陈词滥调翻译过来，就是年轻人具有灵活性，随时准备迎接挑战。比起做一个未来已定一切可控的人，谁不愿意拥有这样的个性生活呢？

在新经济中，这可能是对的——至少短期内是这样。将青年与价值观联系在一起是成功的秘诀。但是，在另外一些领域——家庭、艺术和个人发展，这却是灾难。在各种文化中，青少年都被视为社会的挑战。恰恰因为我们讨论的这些人夹在两者之间，他们个人往往不太确定自己的身份、责任与权利，同时，他们对社会价值的连续性构成了一种威胁。现在年轻主管的喜好表明，他们对飞逝瞬间的热爱已经超过了对历史的尊重。青年人狂乱的变迁模式已经成了社会的主流。

由于各个年龄阶段都被还原成同样的理想，年轻崇拜使分类范畴变得一团糟。当 8 岁的女儿与 42 岁的父亲都认为自己年轻时，就很难建立一种明确的亲本关系了。在我生长的 20 世纪 60 年代末和 70 年代初，母亲还挎着手提袋，并且穿着保守的衣服。十几年前，父亲还穿着经典的风衣，戴着帽子并系了一条领带。周末他们也不会穿着中仔裤出洋相。年轻崇拜的主要原因在于文化的加速变迁，这意味着拥有很多自发的能量比个人的积累历史更有意义，而且这很适合新经济，却对家庭产生不利的影响。因此受谴责的对象往往是广告和娱乐业。应当承认，那些年轻貌美的人，拥有高露洁的微笑，在身体恰当的地方填充硅胶，还拥有自信的肢体语言。这些人占领了核心的文化领域，比如流行音乐、广告业、北美电影和电视天气预报。尽管这不彻底，但我还是很容易就能设想出父女之间的对话，最终是以女儿的最后通牒收尾："好了老爸，我会和你去参加菲尔·柯林斯的音乐会，但前提条件是我要在嘴唇上垫一块硅胶。"然而作为一般原则，这个争端是无法避免的。如果说有什么区别的话，最近十年以来，流行文化的偶像已经变得更加年轻（更瘦更敏捷）。但是，如果责备这种表面的现象，就相当于混淆食物的优劣。通俗文化有好坏之分，有些符合传统，也有些具有创新性，但总能体现潜在的模式。在前面的章节里，我已经分析了技术变革产生的副作用，从其他方面来看，这些副作用还会刺激年轻崇拜的观念。顺便说一句，维利里奥在《信息炸弹》里的分析，与这种观点非常相似，轻微的差别在于他把当代文化视为婴儿，而不是青少年。对他而言，"男孩"盖茨利用他那无忧无虑的幻想获得了更高级的玩具，这是全球文化精髓的体现，全球文化不加批判地接受了美国文化中的不成熟的方面。

在此背景下，一个重要的领域与消费有关。社会经济的经典定义将其分成三个体系：生产、分配和消费。最近，西方经济的焦点从生产转移到消费，伦敦（还有很多其他的城市，也有相对应的措施）达克兰从工业到商店与公寓的翻修，合适地阐述了这种转移——实际上进行了总体的再定义。很明显，20世纪后半叶，消费者的角色变得越来越重要。对消费者自由时间和金钱的争夺，在每一个飞逝的瞬间得到了强化。

7.5 消费的堆垛

消费堆叠之后，连贯性就消失了。在20世纪后半叶，所有的工业国家都已经提高了物质生活水平，这很容易证明。至于生活质量是否有相应的增长，却是一个还要讨论的问题。我们使用的商品与父母一辈用过的物品大致相似（也有一些例外，比如垃圾邮件、水煮白菜和法兰绒裤子），此外，我们消费的物品越来越多。这个趋势还在继续。现在二十几岁的年轻人非常熟悉电话技术，比他们略大的男人或女人，可能从未接触过这样的东西（手机短信）。在富裕国家，购物已经成了中产阶级日常的活动之一——实际上这是一种消遣形式。（许多人——大部分是妇女——非常需要标准的时间，以便在购物中心漫无目的地闲逛，不过这似乎不是不可能的事。）

20世纪90年代以来，世界经济的增长似乎已经达到了前所未有的程度，其先决条件是消费的增长。发现新市场或者使现有消费者增加消费量，都可以达到这种结果。这两种方式都有人使用。在欧洲国家的公路交汇点附近，用不了多久，新的购物中心就会如雨后春笋般涌现，可以预计这将导致商业大街上的商店大规模倒闭。迄今为止，这种事还没有出现。似乎每个人都还有空间，另外新出现的电子购物也才刚刚开始。

为了让人消费得更多，他们要么更频繁地更替现有的产品，要么使顾客可挑选的商品更加多样化。这个领域与其他地方一样，两种情况都会发生。服装与生产资料的使用寿命都在缩短，此外，一个家庭在2001年容纳的物品远比20年前要多得多。每个地方的选择都在增加，不仅仅在信息领域。不久以前，出现了各种各样的绿色番茄酱。生产商还在寻思制造蓝色番茄酱，但调查试验结果显示儿童不喜欢这种颜色。几乎在每一个地方，都可以看到这些多样化产品：早餐麦片、庭院家具、衬衫、灯泡、塔可酱、薯条、牛奶、洗涤剂和度假目的地，当然也有例外，比如微软和可口可乐这样成功垄断市场的公司，他们的产品可选择的范围可能在减小，甚至比马克思所猜想的还要小。

20世纪60年代末，瑞典经济学家林德（Staffan Linder）对此现象做了研究，然后出版了一本名为《匆忙的有闲阶级》（*The Harried Leisure Class*）的著作。林德对消费文化持保守的批评态度，认为资本主义发展的内在需求，是每一个居民都要更有效率地生产，还要更密集地消费。这两者都要维持"一个健康的增长率"。就我所知，这个观点很简单，也无可厚非。其后不久，社会学家贝尔（Daniel Bell）在回忆录中阐述了著名的格言，他在《资本主义的文化反驳》（*The Cultural Contradictions of Capitalism*）中，把清教徒的工作伦理与快乐消费的道德规范结合在一起，以反驳资本主义。然而，林德最初的推断与现在讨论的问题有关。高消费水平对刺激生产很有必要，而且增加生产量对于达到经济增长的总体目标也是必要的。因此，他说需要在越来越短的时间内消费得越来越多。休闲时间日益被匆忙的疯狂消费挤占。

显然，对于20世纪60年代美国的趋势，林德有着特别的观点，他在写作时已经有先见之明。在偏僻和人口稀疏的挪威，只有到了20世纪80年代，市郊大型购物中心才有沥青路环绕。周末上午人们将车停在超市前面，然后花上几个小时有效地集中消费；在以前这样消费要耗去更多的时间，因为商店分散，而且每个人的消费要求不一样。十几年后，电子商务将进一步提高消费的效率。

本章开头我讲到的休闲时间，也会有类似的处境。激光唱片、书籍和服装的销售总量都在加速增长。挪威一家大型读书俱乐部，主要依靠消极的优先购买权的观念赢利，并将其与月份的选择连接在一起，最近它推介第十八个月的消费（但没有通知会员，大部分人可能从未注意此事）。人们通过健身室的辅助课程保持健康，而不是在自然环境中长时间散步；人们习惯把现成的饭菜放到微波炉里加热，以便一边看电视一边吃，这在许多富裕国家已经非常普遍。顺便说一句，目前在挪威最流行的一道菜，是冰冻的披萨。前面章节中详细描述的堆垛原则，说明每一项活动可用的时间变少了。对我们大多数人来说，最明显的替代选择是减少每项活动花费的时间，或者同时做好几件事。我有好几次都是一边打电话，一边在计算机上点击鼠标，甚至电话线的那一端都可以听到点击鼠标的声音。不管人们选择哪一种方式，留给缓慢和连续的时间都越来越少。而且，边际效应的价值在继续下降。1995年，一个信息片段可以吸引人们15秒钟的注意力，现在可能已经不超过5秒钟了。生产商为追逐市场的需要，不断对信息进行删减和压缩。

时间可以点点滴滴地节省出来。即使是一个高效率的消费者，在晚上看电视时，趁着换频道的空隙，也能迅速地浏览报纸、发送手机短信、喝啤酒、嚼薯条或抽一支低焦油的香烟，其效率无疑变得越来越高了。但是，这还没有达到边界。在一天中，还很容易消费其他更多的东西，（对经济生产的）挑战在于发现这些消费方式。对市民（不仅仅是消费者）而言，最终的目标可能恰好相反。

　　问题不在于每一项活动的孤立变化。毫无疑问，新的选择发展迅速，这与前一章描述的堆垛原则一致：回到黯淡遥远的20世纪70年代，我的家乡只出产奶酪、洋葱和红椒这三种东西。现在，可选择的类别数量已经翻了好几番，传统的东西被当做"经典"进行销售。尽管在鲜活品市场的多样化给人留下深刻的印象，目前细分化并适应消费人群的鲜活产品，可能与过去奶酪、洋葱和薯条的食用方式一样多，但是，这种行为却处在完全不同的语义世界中，充满了相互矛盾的标志。举个不同的例子，从1993年到2001年，我担任一家文化刊物的编辑，在我接管这项工作之前，这份名为《当今时代》的刊物至少已经存在了103年。虽然多年来刊物不断变化主题，但依然在本质上保留了1890年格哈德（Gerhard Gran）教授兼评论员创刊时的风格。这个刊物与其他文化类期刊一样，亦如它的标题，包含了大量的访谈、评论文章、辩论、新闻剖析和通俗科学等，探究的主题包括生物学、文化、民族主义、多民族社会、文学、人权、新技术及其副作用、生态学和伦理学。在20世纪70年代，斯堪的纳维亚的学术期刊数量适中，因此很容易调查公共空间，善于阅读的人只要跟踪两三份一般性质的期刊，就可以正确地检验自己是否能与当前的问题同步。（挪威的报纸比较糟糕，由此突出了学术期刊的重要性）目前，只要稍微瞄一眼琳琅满目的期刊货架——甚至没有必要去互联网浏览——就可以理解当今形势已经完全不一样。与以前相比，《当今时代》的发行量没有发生大的变化，但是它所处的信息生态环境已经发生了天翻地覆的变化。一些期刊认为它们不再能在共享的公共空间内设定议程表，而不得不与其他期刊一起分享读者的注意力。所有的期刊都在振臂高呼。每一种出版物，不管是报纸还是期刊书籍，都日渐成为无休无止的信息乐高积木园里色彩斑斓的砖块、碎片和马赛克颗粒。这一切显得非常不可思议，展示了当今时代民主与多元的维度。当然，还有很多其他的东西……

　　工作、消费、家庭生活和公共空间的破碎，把我们带进了一个现有"身份包装"之外的世界。在脱节的碎片以外，每个人都要创造自己完整的连贯性。与此相关的问题是，能否完成这一任务，或者生活是否必然要更像拼图，填满各种事件、印象、任意性、自发性以及短期的选择，而不是明确的方向，即生活是否要变成霸权的快速模式，而非快慢模式的混合。许多人认为这恰恰在很多地方发生，从工作到伦理均是如此，这种一般的暗示性转变被描述为从现代性到后现代性的过渡。著名社会学家齐格蒙·鲍曼（ZygmuntBauman）的最新力作名为《生活在碎片中》（*Life in Fragment*），当然远不止他一个人会用这个标题出版书籍。有人已经证明了信息社会意味着一整套不可预料的后果，其中最重要的是将碎片暂时汇总在一起，时间被分割为日益变小的单元，接着便会失去互相之间的连贯性。这种效应的症状可以是任何事物，从原教旨主义（对世界无限复杂性的自动排除）到职业生涯的极端机会主义。缺乏想象的政治是另一种症状，或许这是对所有人最少的鼓励。

7.6 效率的罗生门

信息革命真的可以提高效率吗？在考虑该做些什么才能缓和加速发展与堆垛的副作用之前，我还要提请读者注意信息革命可能带来的最后一种副作用。对于那些期待崇高目标的人来说，在学术研究、教育和商业领域内的技术变迁，可以带来效率的增加。但是我们能确定信息管理流线化与大规模计算机化一定会增加效率吗？答案可能有三种：其一，答案是肯定的，因为效率增加会促使经济的发展；其二，答案是肯定的，但是令人不安，因为极度追求效率可能会使我们忘记真正的价值；其三，答案实际上是否定的，因为存在自相矛盾的地方——技术发展的趋势与效率的增加恰恰背道而驰。

第三种观点最有趣，也是我想讨论的问题，尽管前两种观点的关系还有很多可以讲的地方。那么是否可以认为这是信息革命最根本的副作用呢？甚至可以认为信息革命无法提高效率呢？本书已经讨论了信息变革带来的始料未及的后果，这些后果往往不容易看出来。例如，我们需要很多的想象，才能理解一种名为"伟哥"的壮阳药，可以增加全世界的妓女需求量。另一个更不明显的事例是传真，欧洲人在传真发明很久之后才开始普遍使用，原始的传真方式实际上与电报机存在的时间一样长。只是到了20世纪80年代英国邮政工人罢工时，才开始使用传真技术。

7.7 空间污染

维利里奥在谈到"灰色生态"时，认为空间污染（the pollution of space）是另一种更微妙的副作用。他指出，当欧洲到美国的主要交通方式从轮船变为喷气式飞机时，大西洋将不复存在。若要发现这种副作用，我们需要一种历史的思维框架：人们需要知道或记得过去是什么样子。对于那些面临专横的时间的人来说，这是他们需要面对的最无奈的任务。

信息技术伴随着许多副作用。所谓时间管理者都是用这种方式建构，大部分用户需要用很多时间发现合理利用时间的方式。众所周知，还有一些课程教人如何区分不同的水准和入门系统。有了先进的计算机程序，这种情形就是可比较的，通常也会更糟糕。这些计算机程序刺激用户深入钻研程序本身的秘密，而不是在工作中简单地使用这些程序，用户还要花费大量的金钱去学习程序的运行。（当用户们最终熟悉了软件的使用方法时，新的软件已经代替了原来的软件）移动电话和电子邮件也有古怪的副作用。这两项技术使用户比以前更灵活机动，而且无论何时何地都可以发送和接收信息。换句话说，这些技术似乎使时间得到了解放，让用户更加灵活主动，可以更自如地控制自己的时间预算。然而，正如前面章节里直接论述的那样，结果往往适得其反。电子邮件与移动电话创造了一种灵活性，使人们期待随时都能联系到别人。在一定意义上讲，"不在上班"的说法就永远无法成立了。假如我上了一天班，返回家里后打开计算机，收到雪片般的电子邮件，其中一些邮件结尾是令人头疼的"下午1点半给我电话"。此外，过去乘坐地铁或开车去上班途中的空隙，也突然之间消失得无影无踪。人们即使在公共汽车站候车，也一样可以工作。这种污染方式与马尾藻海（Sargasso Sea）被污染的方式一样。

7.8 节省的时间堵路上了

当电子邮件与电话很少时，这些技术无疑可以释放时间。如果收到的信息数量超过一定的临界值，同样技术的功能就会突然间走向反面。最初，它们只是监禁用户、填充空隙、消除一切空当以及那些对创造性和无方向思考异常重要的缓慢时期。热情支持私家车发展的人，崇拜汽车使人变快的能力，认为汽车在任何时候都不受阻碍。但是，现在的汽车数量已经高得无法想象，以至于汽车降到了自行车的速度。（同时儿童与青少年因为汽车尾气污染，很容易患上呼吸道疾病）即使是最热情的汽车迷，恐怕也得考虑将汽车换成自行车，或乘坐电车上下班了。可以说，新的信息技术与此没有什么差别。

人们很少能料想到利用省时技术之后，时间会变得更快更稀缺。然而，事实却又的确如此。这种洞察力萌生的答案可以解决第五章提出的问题，也就是指数增长曲线用何种方式变平。

即使在技术加速发展的一般框架内，任何事物也变得越来越快。航空旅行是一个明显的案例：当前欧洲各个主要城市之间的航班，有一半以上要延误。伦敦与米兰之间的空中航线堵塞得最厉害。最著名的事例还是空中交通的姐妹——路上交通。从1970年到2000年，美国家用轿车的数量已经增加了两倍——但是投在公路、立交桥、高速公路和建设上的费用只有数十亿美元，因此交通速度只能逐年下降。在曼哈顿区，平均车速只有每小时11公里。在其他主要的大城市，情况还要更糟糕。例如泰国曼谷，每天上下班高峰时刻，人们需要花费大量的时间，甚至要在汽车上安装厕所才能解决内急之需。1994年洛杉矶因为交通堵塞损失的时间，估计达到了230万人时。公路虽然越来越宽，但却以很神秘的方式继续堵塞。每天都有几小时，公路就像一个巨大的停车场，而不像表面上有效率的交通大动脉。在华盛顿特区，每个司机一年因为堵车损失的时间达71个小时。

人们在等待电话接听时耗去的平均时间，恐怕也是相当高的数字，尽管我没有找到这个领域的统计数字，但考虑到语音电话的巨幅增量，这方面的增长可能会相当惊人。通过"请等待"的电话提示音，了解每年有多少人力损失在等待电话接听中，可能是一件很有趣的事。或者，因为等待电话接通而浪费的时间，耽搁了多少个傍晚的闲庭信步、与孩子一起玩足球、阅读小说或夕阳下漫步的时间。

另一个相关的案例是奥斯陆与卫星城镇[①]利勒斯特罗姆（Lillestrøm）

[①] 卫星城镇是在大城市郊区或其以外附近地区，为分散中心城市的人口和工业而新建或扩建的具有相对独立性的城镇。因其围绕中心城市象卫星一样，故得名。卫星城镇概念产生于英国，美国的泰勒正式提出并使用"卫星城镇"这一形象性的概念。——编者

之间的铁路隧道。1999 年这条铁路正式通车,接着而来的是其令人无法相信的高额预算和其他丑闻,这段隧道将两个城镇之间的旅行时间减少了 14 分钟。新机场铁路的延伸端,是从奥斯陆到城北 55 公里之外的加勒穆恩(Gardermoen)。之前,这一段路是从奥斯陆经特隆赫姆(Trondheim)到加勒穆恩的铁路——但改造延伸段的成本花了 100 亿挪威币(约合 8 亿英镑),其中 90% 的资金是净亏损。如果对包括旅行在内的所有时间,都用金钱来衡量,也许可以计算出这个投资是有价值的,并且最终可以得到回报。然而,我依然有我自己的疑虑,不仅仅是因为加勒穆恩铁路的预算赤字已经相当于未来 31 年内票额的预期总收入。而是显然这节省下来的 14 分钟时间,立马就被各种等待——在机场排队等待安检或等候延迟的航班,等待地铁或电车,或者在交通高峰期等待出租车等等——蚕食掉了。在利勒斯特罗姆与奥斯陆之间节省下来的时间,很快被周围其他活动缓慢而更不可控的时间消耗殆尽。

在奥斯陆与欧洲其他城市之间的飞行时间如此之短,以至于人们容易认为去哥本哈根只要 45 分钟,去伦敦也只要一个半小时的时间。但是,还有很多准备和"后续"活动,排队进行安检和出入境检查,当交通拥堵时还要等待分配起飞的时间空当。另外还有从皮卡迪利大街开车进城(几乎与挪威到伦敦的飞行时间相当),或者搭乘出租车时极度苦恼的体验,离家时还要预留额外的时间。专横的时间带来的副作用特点是急躁,这是快慢模式之间突然转换的一种因变量。

此外,不能想当然地认为所有的旅行时间都可以用金钱来衡量。火车——维多利亚时代速度与效率的象征,作为飞机与汽车的替代物,如今是一个值得思考的领域,是人们可以寻求内心平和的地方,可以读一本书或喝一杯咖啡,也可以在目睹窗外的农村景色时,仔细品味生活中神奇的一面。

同时,这些强制执行的缓慢环境也有被速度占据的威胁。信息技术有助于填充空隙。便携式计算机和掌上计算机日益扩大的市场,直接与人们在机场等待的时间量有关。如果要说交通高峰与移动电话的普及没有直接的关系,我将感到异常惊讶。在北欧国家,边打电话边开车是如此普遍,以至于需要立法强制司机在驾驶时使用免提设备。现在,很多区间车都装有电视显示器,包括从阿兰达机场到斯德哥尔摩市的特快列车都使用电视屏幕发布当地新闻和天气预报。人们用这种方式是否可以更有效地填充空隙,这是另一个问题。越来越多的人承认,为了做一些重要的事,他们不得不离开办公室,在家里或者偏僻的小屋里工作。

使用计算机产生的后果如此之多,以至于需要一本书才能叙述完。有一些前面已经提到过,这里还有另一个问题:对于任何写作的人来讲,连续集中的注意力都是一份不可多得的财富。当一位作家在选择计算机时,需要计算的恰恰就是键盘与显示器。我用的第一台计算机是最古老的型号(个人计算机里的骨灰级别),当时只能接入一种应用程序。换句话说,这使作者在需要写作时就必须写作。如果有人被不受欢迎的来访者打断,那就不是计算机的过错了。现在,作家们可以在尤朵拉[①]、网景[②]、电子日记和文字处理器之间自由选择,很多时候还可以享受游戏与音乐。每一个时刻都被下一个时刻所干扰。现存最好的文字处理器,可能是1987年至1990年间的MacintoshSE。这种机器的显示器很小,只有黑白两色,而且色彩鲜明。它的键盘也很舒服。硬盘的空间几乎没有什么限制性条款,但是不可以用作很多其他的事情。它的价位也适中,很长时间内一个人不能同时申请购买两台以上Macintosh SE。20世纪90年代早期,就我个人而言,从未再有那样集中精力的模式进行写作了。

我们必须理解技术带来的这些副作用,不是为了将计算机和移动电话降低为历史的垃圾(这是勒德分子的误解),而是为了以明智的方式使用它们。下一章我还要继续分析,如何正确理解形成我们现在处境的结构性压力,但这远远不够。就其本身而言,好的心愿是免费的和超前的,最后无影无踪。

[①] 尤朵拉(Eudora),一个 Windows 和 Mac OS 上的电子邮件客户端软件。——编者
[②] 网景(Netscape),即网页浏览器 Netscape Navigator。——编者

第八章

闲逛是一种美德：慢速时间的乐趣

> 只有一件事情比缺少时间更糟糕。那就是不缺时间。
>
> ——给奥斯卡·王尔德的致歉

费加罗先生是一个偏僻小镇上的美发师。他喜欢自己的工作和朋友，每天听听音乐并照顾自己的老母亲，下午去看一个患有慢性病的妇女。然而，他经常会觉得内心空荡荡并流露出难过的神情。一天，他接待了一个前来拜访的男子，并从他那里得到一个使生活变好的秘方。这个男人一身灰白色打扮，口里叼着一支灰色的雪茄，声称自己是时间储蓄银行的业务代表。他向费加罗展示节省时间的方法，以便让他变成一个更幸福的人。他告诉费加罗：将你的老母亲放到老人福利院，不要再去探访那个无用的残疾人，别再与你的顾客闲聊，浪费宝贵的时间——这样你的营业额就能翻番，而且最重要的是，不要把珍贵的时间用于唱歌、阅读以及与你那些所谓朋友的亲密交往。

费加罗接受了这个建议。他变得沉默寡言并且很有效率。然而，无论他节省下多少时间，他总感觉没有空闲的时间，这些时间以神秘的方式消失了。在他意识到之前，已经过去一个星期、一个月和一年，如此反复地一年又一年。

这位美发师不是时间储蓄银行的唯一受害者。整个小镇上的人似乎都在这家银行开户了。诸如"从生活中得到更多——节约时间"之类的口号出现在墙壁上，工厂与政府机构里面到处张贴的公告，内容包括"时间很宝贵——不要浪费"或者"时间就是金钱——省着点花"。

我抑制不住要透露故事的结尾了，不过读者可以试着用一个下午阅读一下恩德(Michael Ende)所写的这篇小小说《卯卯》(Momo)。我可以保证，这个时间值得花费。

目前，对于我的分析最明显的异议是类似这样的话："大部分人都没有这样的生活体验。他们平和安静地生活，不需要不停地从网页跳到电子邮件，不必为了那些会议文件匆匆忙忙，以免错过最后期限。他们灵活、开放和年轻的生活感觉不到压力。他们有很多的时间，可以坐在摇椅上边看小说边抽烟，或者在大自然中悠闲地散步，并且可以按照自己的节奏享受生活。你写的只是其中小部分的人，不要假装你知道其他人。"

说到点子上了。但是，这是否意味着富裕国家的大部分居民从不看电视、从不用手机或电子邮件、从不读小报、从不申请需要熟悉信息技术的工作、从不因为还有其他事情需要先做而觉得自己没有足够的时间做事？也从不因为需要等待紧迫的新任务而无法集中注意力做任何事呢？

显然，信息时代的副作用将不同程度地影响人们。并非每一个人都能感觉到时间正在加速。甚至在当今世界变化最快的社会中，也只有少数人能够体会到**快速时间是一种稀缺资源**。不妨以失业的人为例，也可以看看监狱中的囚犯，或是北美都市贫民窟里的穷人和数百万处于社会边缘的人。这是不得不考虑的事。然而，在前几章的基础上，我要直截了当地提出以下观点：

> 首先，破碎和匆忙的瞬间在富裕国家的人口中越来越典型。
>
> 其次，加速度影响知识的生产和当代文化的思维模式，因此它关乎每一个人。即使一个失业的人拥有很多的时间，在他打开电视或报纸的时候，也会受到加速发展的副作用影响。

显然在这种情形下，工作与休闲时间都被切碎了，间隔变得越来越窄，越来越多的事件被挤进日益减少的时间空当中，而人们对此并未达成一致的意见。虽然那些最强势的人希望掌控自己的时间，他们仍会抱怨（而且超过其他任何人）自己的行程过于紧凑，妨碍了晚上观看电影和阅读小说等事情。他们与其他人一样，成了时钟的奴隶。学者亨利克（Henrik Syse）是前挪威首相之子，他告诉新闻记者，最近他发现政治职业不可能与家庭生活保持一致，因为现在的文山会海已经远胜于从前。

在提出建议之前，我先将此书的主要观点做一个简单的总结。

其一，当信息既不剩余也不缺乏时，其包容程度与信息数量的增长成正比。出于对知识的考虑，不得不限制一个人的信息。通常，学生们对于自己最不熟悉的主题，可以写出最好的作文，因为这迫使他们组织材料，并尽力证明自己能比平常表现得更出色，而且主要的论据并不会离题。再举一个不同的事例：当你在外国呆上 6 个月，就可以写一本书了。如果呆上 10 年，你只能写一篇论文。因为你知道得越多，就会发现不知道的东西也越多。这个普遍性原则是当今信息社会中人类境况的一部分。我们知道得越来越多，同时也会发现知道的东西少之又少。

其二，在信息社会中，对于任何商品的供应商而言，主要的稀缺资源是他人的注意力。无论是广告、会谈、科普文章和知识，还是我们提供给外部世界的实物商品，为了获得目标群体时间预算的空位，它们总会发生激烈的竞争。这些空闲的瞬间变得越来越短，因为目标群体中的人都被寄予厚望，供应商认为他们会腾出空间，以便在生活中留下更多的印象、商品、经历和信息碎片。不过，后一个印象会以加速的方式抹杀前一个印象。

其三，对于信息社会的居民来说，主要的稀缺资源是功能齐备的过滤器。这个观点与前一章一样，区别只在于需要从接收者的角度来分析具体情况。电子邮件对发送者是祝福，但对接收者来说就可能是噩梦。如果一个人收到的电子邮件多于发送的邮件，可能说明他无法掌控自己的信息总量。我们短缺的商品在父母一辈可能闻所未闻。当前信息的缺乏才是特有的稀缺资源。

其四，加速发展消除了距离、空间和时间。从前，这是对蒸汽机车主要的批评——旅客无法享受美景，他们的心智正在以不健康的方式变得匆忙。现在，批评的对象换成了喷气式飞机、互联网和移动通信。当过去遥远的地方现在变得不再遥远时，以往近在咫尺的地方也就不再那么近了。

其五，当快慢时间相遇时，快速的时间获胜。因为总有一些别的事情需要首先完成，所以一个人就不会有重要的事情要做。自然，我们总要先完成最急迫的任务。按照这种方式，缓慢和长期的活动就会败下阵来。当我们所处的时代消除了工作与休闲的差别时，效率似乎是经济、政治和研究的唯一价值，对于透彻和有远见的工作、游戏和长久的恋爱关系而言，这是真正的坏消息。

其六，在生活中的非工作领域，**灵活的工作带来了灵活性的损失**。这是因为快速时间普遍具有征服慢速时间的趋势。如果灵活性是未被开发的潜能，工作就可以潜在地填平每一个空隙，消除其他地方的灵活性，这会造成严重的后果，并影响创造性、家庭生活和人们内心的幸福。

最后，当时间被分得足够微小时，持续的时间最终就不复存在了。最后剩下的只是令人惊叹的时间碎片包，它以可怕的速度将各个瞬间包裹在一起。

完全消极的批评只能导致无奈与焦虑。因此，一些积极的建议很有必要。现在我们需要转到主题之上。由于我们还有大量的时间，我们不妨先绕道休闲地漫步走进学术的象牙塔里。

许多人担心事情的现状。的确，很多从国家拿薪水的知识分子对此一直忧心忡忡。（社会科学认为这是焦虑的普遍化）一些人在谈到那些对此不够忧虑的同事时，总会采用一种挖苦和具有优越感的语调。近来，社会学家吉登斯（布莱尔首相的顾问）和卡斯特（全球科技经济专家）成了这一内部整顿的一部分受害者。

有趣的是，过去几十年来，具有影响力的学者因为焦虑发出的叹息已经有所变化。直到 20 世纪 70 年代末期和 80 年代早期，大部分人只关心资本主义造成的压抑、对工人阶级的剥削和第三世界的新帝国主义。亚群体的主要忧虑是核威胁和全球人口增长，尤其是环境问题。近来，学者们关注的行业重心已经转向了与认同有关的问题，我坚持认为这是一个加速变迁的问题。吉登斯新近出版的著作《失控的世界》（*Runaway World*）就是一个实例，该书讨论的问题与全球化认同有关；在忧虑的美国学者看来，一个充满前景的行业是全球化和多元文化社会（或者叫做后多种族社会，这是传统学术界胜人一筹的学者提出的概念）中的认同。诸如鲍曼与贝克（Ulrich Beck）之类的社会学家，因为其工作的风险、不稳定和矛盾心态，已经成了有名无实的领袖。一般地说，在这个躁动的时代，很难开发出具有内聚力并可信赖的世界观。法国一些具有影响力的知识分子，看到了内聚力的缺乏，将其视为民主与自由价值遭受的特别重要的威胁——布迪厄在这方面似乎已经改变了他的优先权，速度理论家维利里奥就这一主题写作了长达 30 年，最近已进入了法国第一流思想家的队伍中，在美国他的名声（作为标志的学术头衔）也正逐步扩大。在意大利，埃科（Umberto Eco）也有同样的地位，他在美国和德国同样足以被人视为代表。关键是我把这些现象归在加速发展、指数增长和堆垛——专横的时间——的标题之下，这些现象已经成了很多学者认真思考的对象，离开这一点他们鲜有共同性。他们的主题既宽泛也狭窄——一些人谈论新闻和晦涩的全球经济，另外一些人讨论新经济产生的脆弱性，还有人分析闪烁的新闻产生的混乱效果。

最近从许多不同思想家的离散性分析中提炼出的评价，具有一些共同特点。很显然，没有谁提出该做什么。卡斯特用谨慎的警告结束了关于信息时代的三大卷著作，提醒人们反对在他青年时代非常普遍的摩天大楼（摩天大楼虽然始于神秘的20世纪60年代，但主要是在70年代才开始大范围修建）。吉登斯雄辩而流畅地谈到新的民主规则（民主对话），认为这种民主可能代表每一个人，但是近十年来，他的作品标记恰恰缺乏有形的物质——可能它们在其他方面才重要。布迪厄是极度悲观主义者。他似乎建议"停止键"，而鲍德里亚则在黑色幽默中逃走了。对于信息过载和加速发展造成的问题，维利里奥认真地宣布他还没有找到解决的办法。

对于那些非学术读者而言，如此多的一流思想家对这些问题表现出无力和虚弱的态度，似乎是一件很奇怪的事情，而按照这些思想家的观点，这些问题在我们的文化中具有压倒一切的重要性。主要的原因在于它们在社会中的位置，可以作为启迪与教化的承担者，并形成缓慢的、线性的、累积性的和具有凝聚力的知识。他们属于中产阶级知识分子中模糊的少数派，在过去他们拥有海量的休闲时间，可以阅读和写作长篇大论，并为那些有充足闲暇时间、庞大知识库并对权威肃然起敬的读者写一些不那么复杂的文章。如今，他们的时代已经远去，而且永远不会再返回最初的形式。早在1961年，哈贝马斯（Habermas）就在《公共空间的结构变迁》（*The Structural transformation of the publicsphere*）中对此做了预言。现在，当人们看到这本厚重而晦涩的学术著作时，只有受虐者才会流露出感激之情。信息已经太多，而不是太少。无论什么都可以用快速的方式沟通，也必须使用快速的方式沟通。遵守这个原则就是对读者的尊重。只有当他们可以为读者带来重要的、必须缓慢理解的超复杂见解时，才有权利要求读者付出几周的时间。其他人应当记住，无论自己写什么东西，都要与其他的信息资源竞争。这是近年来学术界知识分子社会（经济）地位下降的原因之一。我们必须在信息生态中找到我们自己的位置，首先应该找到解决加速发展副作用的可行性方法。

一切事情都要迅速地完成，这就会使一切事情无法再缓慢进行。因此，缓慢的进程正在质变为快速的过程。20 世纪 90 年代中期，贾德（Jostein Gaarder）写作的《苏菲的世界》取得的世界性成功，明显可以追溯到这种嬗变。哲学史在形成早期具有滚雪球般的运气，可以作为大部分人人格形成的要素之一。但这个过程笨重缓慢，既耗时又令人厌烦。青少年喜欢适度娱乐和巧妙构思的小说，而对 2500 年的哲学史，没有人会注意。甚至对于那些被未答复的电子邮件、肥皂剧、紧密的会议日程和上下班被交通堵塞包围的人来说，用这种方式就可以在奔赴幼儿园与项目工作组开晚会之间获取亚里士多德与黑格尔的生动话语。那么出了什么问题呢？快餐总比没有食物要好得多。正如前面所说，无论何时搭乘飞机，我总是喝同一种咖啡，因为没有其他类别可供选择，只有速溶咖啡是唯一可以马上喝的饮品。

对于这个问题，有三种答案。其一，普遍来说，学者们希望每个人都与自己一样，认为速溶咖啡和普世哲学比什么都没有更糟。宁愿无知也不要《太阳报》和《世界报》。

其二，其他人士认为，有一些总比什么都没有要强。这种观点很适合当前的情形，看起来具有开明大度的特点，比其他观点更具吸引力。你可以拥有蛋糕并尽情享用，也可以享受非常丰富的生活，如果足够努力还有时间可以做任何事。乐观主义固然很好，但不能对现实进行最好的描述。我们可能面临多种选择，可以走马观花地浏览十本书，也可以专门地阅读一本书，而且此时获得的回报可能最好。但是，可以肯定只有一种选择是对的。因此，我们这个时代最典型的情感特征之一是矛盾的心态！

其三，第三种态度认为效率的增加总是一件好事。有很多不成熟的乐观主义者，认为慢速时间的损失不会导致其他后果，只会使我们能比前一代人做更多的事情。英国电信公司研究室主任彼得·科克兰认为，计算机可以算作"他的第三个脑半球"：他的父亲毕生工作了 10 万小时，而他只要用 1 万小时就可以完成这些工作，他的儿子将来只要 1000 小时就够了。但是工作环境是否和原来一样呢？显然已经完全不一样了，但是如果整个文化的基础是极快的速度以及特别商定的测量效率的方式，那么反对的意见就会消失在学术与高端文化的黑洞之中，因为它很难再赶得上这样的速度，进而无法确保有很多人会注意到这些差异。

虽然科克兰和其他人代表着乐观主义，但是快慢时间的差异对于我们大部分人仍有很丰富的意义。快慢时间在现代社会（或后现代社会）都有存在的必要，虽然说速度与效率都是稀缺品，可是我们很难坚守这个观点。附带说一句，我个人的立场介于前两种观点之间，这是唯一合理的位置。

8.1 预设你的慢速世界

下面的建议认为，缓慢与迟钝——而不是快速——将面临威胁。（任何人若对此有异议，都可以给我发电子邮件……不，给我写信，最好是手写的信件）我根据个人的标准提出以下建议——接下来会有政治家与商业领袖从各个方向发出一些挑战。

首先，可以迅速完成的事情，就应该快速地完成。如果运用得当，快速的时间效果极好（但对于不熟练的人，快速的时间却是一个危险的工具）。在过去的历史上，从来没有这么多人有机会像现在这样，留下如此多的印象与经历。当批评人士不喜欢这些机会（从游客数量的增长到互联网的迅速扩展）时，他们完全忽视以下事实：令人愉悦的计算机游戏、在偏僻村寨度过令人激动的时光、漫无目的地调换电视频道或者观看短暂的新闻汇辑，这些经历对用户有很高的价值，而且总比什么都没有要好。

有些事情变化快，有些事则发展缓慢。在浪漫的晚餐里，没有人能够注意到中间人的存在。即使在一本大部头的理论著作中，有一些见解可以被迅速发掘，但有另外一些精辟的观点则要经过多年才能被发现。逻辑学家可能在 30 岁之前就能达到顶峰，而形而上学者在 50 岁还无法出版任何有价值的著述。20 世纪最伟大的社会人类学家列维－斯特劳斯（Claude Lévi-Strauss）在 1949 年出版的一本书可以彻底改变我们对亲属关系的思考方式，他花了 4 年的时间思考一些问题，比如"为何印度的种姓制度看起来像是澳大利亚的亲属体系的镜像？"20世纪90年代晚期，斯特劳斯得到了一家大型研究委员会的资助。因为没有取得文献上的进展，在完成研究工作之前的很长时间内，他可能会失去资助。每一件事都有成本，知识生产中的效率意味着死亡与拯救，这取决于个人寻求的知识种类。

凭着良心和惯例，可以快速地做很多事情。人们快速地调整和执行一些消费。如果缓慢地聆听流行音乐，或者在一家全球连锁店中缓慢体会汉堡包的风味，就只能得到相对少的收获。相反，如果有些人试图从斯蒂芬·金或布兰妮小甜甜的作品中获取方法应用到自己的工作，对这样的消费者来说，普鲁斯特和马勒就显然毫无价值。

我们所做的很多事情，都是快慢掺杂的复合活动。因此，富有经验的演讲者可能会说，准备一场特别的演讲需要的时间，在10分钟到30年之间。另外，有时我们会把一些活动与速度联系在一起，如果将这些活动重新定义为缓慢的活动，可能会更有利，例如，每天上下班搭乘公交。一个很明显的建议是，带上一本平装书。在上下班途中，与其呆板地盯住公交时间表，阅读书籍或听听音乐更不容易患上胃溃疡等疾病。

缓慢的时间不等于有很多很多的时间。阅读和理解一首复杂程度一般的小诗，只要几分钟就行，但是也可以缓慢地做这件事。速度是一项很有用的技巧，可以激发一个人仔细地进行过滤和筛选，在浩如烟海的文本中寻找一个特定的段落。但是，当他拿到一本新的小说时，就会本能地寻找主题索引，很自然地，这会带来严重的损失。

8.2 闲逛也是一种美德

只要没人受到伤害，闲逛也是一种美德。在谈论速度的章节里，我分析了19世纪的加速发展，并且谈到了其他的事情——电报、蒸汽机车以及克努特·哈姆生[①]从美国写来的信件。在写作本书的最初计划里，我不

[①] 克努特·哈姆生（Knut Hamsun），挪威著名作家，因其里程碑作品《土地的生长》而在1920年获诺贝尔文学奖。——编者

想在这些案例上花费大量的注意力，其中有些案例以简单的形式出现，因为 2000 年 6 月的一天早上，我突然间有一个小时的空当。我去商店更换一个坏掉的灯泡，途中发现挪威奥斯陆有一些地方自己竟然从未去过。由于我自己的管理失误，我的第一个会面在一个多小时以后，而且是在镇上的同一个地方。我没有无线上网设备，也不迷恋手机。因此，我在太阳底下沿着郊区美丽的大道信步闲逛，很想舔一口色彩鲜艳的冰棍。当我到达会面地点附近的十字路口时，在一家大学图书馆墙壁上我看到一条横幅，上面写道："速度 1800—1900 年"。自然而然的，我就朝着这栋建筑物走去，就像苍蝇飞向一张粘蝇纸一样。图书馆有一个虽小但与我讨论的主题相关的优秀展会，回顾了一百多年来的历史。如果那天早上我没有信步闲逛，恐怕永远也不会了解到那次展会的事情。

几星期之后，我在等待电车时只有十分钟的空闲时间，但我还是在国家剧院附近的一家大型报刊经销商那里用掉了这点时间。我花了几分钟随机地浏览书架，然后在一本名为《电子商务》的杂志上停留了数秒。斯堪的纳维亚的技术爱好者也是美国爱好者，他们倾向于用美式英语表达最夸张的话语，因此当读到封面上的标题《法西斯残留》（SURVIVAL OF THE FASCISTS）时，我是唯一对这个消息感到惊讶的人。我马上买了这本杂志。难道信息技术能够发现美元和日元之外的其他价值吗？在电车上，我拿出杂志慢慢阅读，很快发现自己最初的理解只是一个口误。实际上，杂志的标题是《最快者生存》（SURVIVAL OF THE FASTEST）。这个具有特色的故事说明，信息技术界的人员流动现在已经接近人们可忍受的极限。如果有可能，我要回到计算机旁，以加固我的信念，证明我对这个主题的选择完全正确。此外，除非我一直在浪费时间，否则这个具有鼓励作用的片段不会出现。换句话说，创新，直接由这些空隙产生。

8.3 保护你的慢速时间

需要保护慢速的时间。一位寻求政治庇护的人士提出的血泪申请，往往会遭到掌权者的拒绝。这需要公众的支持、社会福利和它所能得到的配额。速度如果控制得好，没有什么可以超过它。人们可以依赖个人和职业的位置，在个人层面上用不同的方式保护慢速。但是为了不被速度生吞活剥，有必要自觉地加以选择。例如，可以做出这样的决策：

> 只在周一早上回复电子邮件；
> 周二去一个秘密的地方钓鱼，别人找不到自己；
> 每天上下班需要驾驶 60 英里[①]，一个人在车上时，电话和收音机全部关掉；
> 周二与周三阅读专业期刊，不读报纸；
> 不设立自动留言电话，当自己不在办公室时，不用管那些未接的电话；
> 在用无线上网设备阅读新闻之前，总会阅读一首诗和两条注解；
> 在下午 4 点半到晚上 8 点半之间，与自己的家人待在一起，不接触外界的事情；
> 每隔一周的星期三去听音乐会，或者去听管弦乐作品，不受干扰也从不间断；
> 只要现在这一刻适合自己，就要拒绝下一刻的打扰。

其次，延迟是伪装的祝福。它们会为反省产生空隙，人们不得不了解如何利用它们。说比做更容易吗？当然。但是每一次人们因为会议延期而觉得宽慰时，就开始意识到这一点。

第三，小木屋的逻辑值得在全球范围内推广。在北欧国家（包括芬兰），小别墅或木屋的概念具有特殊的含义。只有一半的北欧人可以轻易地拥有小别墅，但每个人都明白其深层的意义。当人们抵达那些小别墅时，会发现它们要么位于偏僻和荒芜的山间，要么就在海岸线附近的荒滩上（因为各种原因，丹麦除外），此时缓慢的瞬间接管了一切。人们把手表放在抽屉里，等到返回城市后才把它取出来。对于别墅是否需要电视、电话和互联网，很多家庭都发生过激烈的讨论——尽管这些设备可以带来方便，人们却羞于承认这一点。尤其是在挪威，许多人甚至拒绝在别墅中使用电。

[①] 60 英里约合 96.6 公里。——编者

在这种环境下，产生压力的不是管理活动的时钟，而是管理时间组织的活动。孩子们上床睡觉会比平常晚一个小时，晚餐是因为饥肠辘辘，只要你喜欢就可以随意采摘浆果或钓鱼。具有讽刺意味的是，在这种情况下，许多人的想象特别丰富，下一刻似乎永远不会到来，不需要越过这一刻去看它，把它放到一边去。（这几行文字的写作地点就是——你猜测一下——在我们的小别墅里！）目前，现代社会很少有市民会梦想永久地回到这种令人喜悦的时刻。我们对其他的乐趣知道得太多，也非常理解我们当前社会的复杂性，知道回归天然的梦想确实非常具有吸引力。然而，我们别忘了别墅的状态完全不同于碎片化的匆忙情形，可是通常后者管理了我们的大部分生活。我认为在别墅的时间里，安排许多不同的活动会很有利，不过其前提条件是，这些活动不需要仔细精准的合作。（在这方面，似乎北部的人在处理专横的时间时，具有相对的优势；在英国，与此最密切的等价物似乎是板球，但事实上并非同一种事物。）

　　第四，所有的决策会排斥其所包括的事物。长时间的重要新闻节目以及很长一段时间待在偏僻的地域，可能会比其他的短暂选择更好一些；问题在于人们花时间做的每一件事，都需要寄生于其他事情之上，而后者可能也要花费他的时间。当我被其他不太苛刻和互相不太排斥的活动包围时，我怎样才能确定，用一学期阅读康德的著作和待在一个节奏缓慢的泰式小渔村里，哪种使用时间的方式比较明智呢？如果我按照优先顺序进行处理，又该采用什么标准呢？因为缺乏不证自明的标准，很多人试图找时间做一切事。结果是每一件事或每一个活动都痛苦不堪。这恰恰就是问题所在。

　　如果你有钱，可以不带薪休假，暂停工作和学习，并把孩子放到乡下友善的亲戚那里，让自己用上半年的时间搞一些有意义的活动。建议你首先考虑下列活动：

　　　　学习弹爵士钢琴；
　　　　在巴黎呆上6个月正确地学习法语；
　　　　在最新版的模拟城市游戏中，真正熟练地建构一座虚拟城市；
　　　　熟悉符号逻辑；

读一下《尤利西斯》这本小说；
照顾家庭并成为一个更好的厨师；
与朋友在咖啡馆或电影院玩个痛快；
在热带沙滩的吊床里悠闲地度过尽可能多的时间。

这些都是值得赞赏的好主意，但是自然不可能同时实现。可以把两三个主意合并在一起，但是计划中捆绑的主意太多，就会把事情搞砸。在这方面，我们这一代人有机会经历的概念，是我们的祖父母那一辈的十多倍，因而必定有所保留。报酬递减的原则和堆垛作用十分强势。

在前面的章节里，我提到有些人具有不同寻常的能量与精力，可以同时做12件事，而且都做得很好。然后在做第13件事时，突然间就会做得一塌糊涂，或者会因为病症发作而精力衰竭。与任何悲观主义或新勒德分子关于使用"停止键"的建议相比，这种见解是一个更有成效的起点。速度是一份巨大的礼物，直到它失控为止。与其他许多人类学家一样，我在田野工作期间也住在一个热带村庄里。村庄的日常生活根本没有我们想要的那样缓慢。对于大部分居民而言，时间不是一种可以测量的稀缺资源。生活以悠闲的节奏继续向前。自然的，数月之后我感觉非常厌烦。有趣的是，这也是许多村民的感受，尤其是年轻的男子和女子。他们从出生以后，似乎一直在等待生活的加速，因为他们生活在现代的边缘，接触的是大城市快速变化的电影与故事。

换句话说，他们不需要浪漫而无限缓慢的时间。现代就是速度。同时，埃科的"超现代性"的主要内涵，应该就是超速发展。

第五，有必要在快慢的时间之间有意识地进行转换。近来，坐立不安成了个人的一种特性，这种特性正在茁壮成长。一般来说，这种心理特征的出现，往往是缓慢时间遇上了对快速时间的期待。上下班高峰期和延迟的航班就是最好的例证。《明镜周刊》的一篇老文章（准确地说是在1989年的文章），援引了一个9岁小孩的话语："我的老师比保姆雅达利说话慢，有的时候慢得让我发疯。我在想快点，让我回家去找雅达利，她能更快地告诉我这些事情。"

然而，1999年在联合国对小孩教育的调查研究中，一个5岁的小孩接受访谈时说:"我从来不去玩。因为总有人说快点,我讨厌匆匆忙忙。"总的看来,这两个案例表明了当今同时存在的两种对立趋势:别人的缓慢引起的坐立不安,以及外部对速度和效率的需求造成的挫折感。

两个小孩的观点之间的差别,自然已经被包含在这样一个事实之中:德国的 9 岁男孩(现在已经是一名大学生了)能够调整自己的速度,而 5 岁女孩的节奏则完全由外界决定。解决方案是有意识地管理自己节奏的变化。

很多事情人们永远也不需要知道。如果人们一天有几次能够做一些有趣的事,就会对自己更满意。大多数事情人们无需了解,即使是极好的东西。在这种背景下,比其他任何事情更重要的是,给自己的口味、价值观、兴趣和直觉装上健全而有效的过滤器。顺便说一句,这些东西只能够缓慢地获得。

为了让慢速的时间留存下来,不仅仅需要这些个人训练的项目,还需要政府、贸易组织、雇主组织、政治家和非政府组织的支持——必须将其嵌入社会的结构之中。仅仅呼吁每个人具有良好的心愿,还远远不够。好的愿望不受约束也无法托付给他人,迟早都会被制度系统埋没。人们很容易而且可以自由地伸出食指,说现在自己离线的时间多,很少看乏味的电视剧,读了一些好的老式期刊,不再写很多电子邮件,关掉了手机,乘坐火车而不是飞机去旅行,与小孩和老人呆上足够长的时间。虽然这方面的箴言具有较高的价值,但很明显它们也是有限的。如果要从根本上限制信息社会的副作用,就需要社会优先权。要是政治家、官员和企业主能够意识到,我们目前有一个黄金的机会,可以从快慢两个世界中获得最好的东西——如果我们只看到其中一个,那么我们将失去无法估量的价值,这是非常重要的事情。

正像 19 世纪工人阶级为了使工业制度为末端服务(不仅仅是为资本家服务)而不得不耐心并强硬地斗争一样,我们这个时代的斗争是为了稀缺的资源——慢速,这将导致更大的对抗。可能因为技术专家(包括许多社会民主主义者)和大笔的金钱都处于错误的一方,他们在效率上共享一个价值体系,几乎将其视为一种宗教信仰。

8.4 让社会慢下来

如果为社会引入刹车机制，并将其作为社会结构的组成要素之一，就可以有效地抵制专横的时间。

那么，我们该如何做呢？

本书大部分内容是在讨论变化带来的不可预料的后果或副作用。在某些情况下，副作用如此之多，以至于损益几乎相抵。一个标准的案例是世界上高人口密度大城市里的汽车运输。不妨把交通问题作为一个隐喻性的出发点，用来分析信息问题。当自行车成为一种比汽车快的交通工具时，汽车的边际价值就在下降，并最终趋向于零。当信息浪潮使用户更困惑、消息更不灵通时，获取信息的边际价值会下降并趋向于零。当连续时刻的转换太迅速，以至于人们关心的是下一刻而不是现在时，活在当下的边际价值也会下降并趋向于零。

交通堵塞从字面上理解，就是在驾驶时总在刹车，但是必须承认，迄今为止，它还没有让人们都改骑自行车出门。信息的不和谐声音也许不会令人沮丧，反而使人上瘾。因此，印象的输入和脱离语境的碎片，实际上是否成了身体的需要呢？这是一种不可忽视的可能性。接下来的几年里，宽频与数字化电视将普及，而且会无处不在，诸如蓝牙芯片———一个数字通信的控制中心，可以把几种已知的技术融入一个无缝的系统之中———之类的无线信息技术，可能会给从北欧到美国的技术爱好者造成重要的影响。国家采取限制宽带和网络接入的策略，属于古老的极权主义管理体制。显然，这是认为大众传媒能调节缓慢和速度，而不是建立一套内部引导机制来达此目的。因此这一点，是我在社会学层面上的第一点建议。

一套与缓慢有关的规则正在拓展媒体的道德指向。 在大多数欧洲国家，媒体或多或少已经建立了有效规范，用来调节其他的道德原则，这种延伸需要建立在每一个国家现有的框架上。无论采用什么方法，慢速当然都需要一些材料（大的灾难、科技新闻和国际预算的详情）。如果遗传研究的处理方式与流行音乐领域的最新消息具有一样的形式，那肯定违反了原则。这就需要应用制裁原则。

接下来的建议直接与知识的生产有关，也与堆垛产生的副作用有关。总之，至少在发达国家，正在生产的文本太多太多。在特定社会中，当真空吸尘器与烤箱的生产量增加时，幸福的总量可能也在增长；但是数量与质量之间的关系相当复杂，这一点在信息领域尤其明显。

建议将"物以稀为贵"的原则作为信息供应的基本准则。如果 A 文章的长度是 B 文章的 2 倍，那么它的复杂程度也应该是 B 的 2 倍。应该鼓励拿月薪的多产作家减少产量，而提高文章的质量。例如，现在的著作众多的教授应该被鼓励保持五年的安静，然后提出一点有影响力的东西。（我的一个熟人建议所有的作家都要设定 500 页的最大配额。如果他们超过了这个限度，就必须撤掉之前的作品）这就需要评估质量，而不是继续统计出版的数量。

另一个建议与电子邮件和手机通信有关。只有少数人渴望石器时代的技术，我们虽然对此鲜有所闻，但有权生活在这两种技术都真正可用的社会。众所周知，在一个不断增长的连线世界中，"难以获得"是一种十分稀缺的资源。

所有的雇员都有权一个月离线 1 次，一年休假 1 次。这项权利应该载入劳动合同之中，而且要说明任何人在工作时间之外，没有回复电子邮件的义务。办公用的计算机应该在计算机屏幕下方标示："除非万不得已，不要发送电子邮件！"

公共场所——餐厅、银行、公共汽车和电梯——都不可以使用手机。只要在一些地方安装噪音传输器，就很容易实现这一点。（这意味着不需要采用封闭式的视频监控器，人们在互不连接的情况下无需监控）如果碰到紧急情况，比如站台之间的电车停运两个小时，噪音传输器就可以关闭。还可以建议电话公司一起合作，设定一个全国范围内无手机的日子，采用环保主义者的姿态，类似于石油公司支持热带雨林的举动。

在其他方面也可以采用刹车的方式。例如：

第一，政府在上班时间内引入两个小时的公共休假，比如从上午 11 点到下午 2 点。2000 年 6 月 7 日，挪威行动小组为"缓慢"执行了这个主意，鼓励工人关门后，与同事一起享受几小时缓慢的时间。这是一个相当大的成功。孤立地看，这种首创性似乎没有意义，但是恰恰是这点缓慢的时间，可以用来刺激人们在更广的范围内，反思自己实际处理时间的方式。一天中 3 个小时的空当，可以提供一个非常必要的机会，去思考两个甚至三个想法，直到得出合乎逻辑的结论。其结果可能是我们发现即使我们长时间散步而不与别人通过计算机或电话联系，世界也还在运行。

第二，开会的真正目的是作为一种接口，去与同事一起享受几小时或几天的缓慢时间。每个人都知道，会议最重要的部分是晚上的和喝咖啡时间内的对话——负责安排计划的人必须记住这一点，并合理地安排计划，甚至可以对在开会期间电话铃声不断的人实施罚款。

第三，公司要在工作时间内，为慢速设定日常的机会，比如非结构式的小组会谈。为了给员工时间，让他们参与这种反会议（anti-meeting）的会谈，管理层应该确保减少官方文件的数量以及其他草率发布的信息，使其达到绝对的最小值。

第四，城市的规划需要直接面向慢速的建筑。开放的广场、狭窄的道路和弯曲的大街，当然，还有漂亮的建筑物——能鼓励路人驻足的设施享有优先权。先考虑慢速的交通，再考虑快速的交通。

第五，贸易组织应该将慢速提上议事日程。很多人认为贸易组织与欧洲劳动者风马牛不相及。这是因为贸易组织虽然发展壮大了，但却仍然体现工业革命时的经济。如果贸易组织要继续存在，就必须痛改前非。假设他们在明年的"五一"劳动节时，把要求慢速时间和连贯性的口号标在旗帜上，他们就还有机会。或者也可以这样：2000年10月，我作为嘉宾，参加挪威西部卑尔根市举行的国家工作环境会议，并在会上发言。在巨大的葛利格大厅一楼，有一个展览会，很多公司可以在这个展览会上营销自己的方案，以解决工作引起的环境问题。头盔、靴子、通风系统、人体工程学鼠标和设计滑稽的椅子，都有足够的机会展出。我一直徒劳地寻找一家这样的公司，可以提供诸如缓慢、连贯和精巧的设计，使人们自动消除日程表上不必要的会议。时间和空间的污染比空气和水源污染更难以量化，这种污染不仅仅在于环境接口。

一方面是极度活跃的、过载的、加速发展的时间，另一方面是平静的、累积性的、有机发展的时间，我们不需要在两者之间进行选择。为了可预知的未来，信息技术在我们的社会中依然具有支配性地位，并将影响所有人——除了少数原教旨主义者。最后这几页的计划，以一种非常老套并具实验性的方式概述，它们之间必须找到一种平衡，以便产生一个足够宽阔的世界，这个世界提供的空间可以兼收并蓄，同时也能反对保守派的原则。我猜想，未来某个时候，人们在临终之际反思自己的生活，将不会后悔用了太少的时间去打移动电话、写电子邮件、参加会议、追无止境的肥皂剧以及从 A 地方到 B 地方——不管是乘坐汽车、飞机、出租车还是通过网络，或者这四者兼有。当民意测验者询问欧洲人，什么让他们的生活最有意义时，他们很少回答这些事情，甚至不谈论无忧无虑的假期。很多人会回答说"花时间与亲密的朋友待在一起、看孩子慢慢长大"以及"为别人做些事"，甚至还有"好食物"或"艺术"。这些答案不太可能是虚假的，我相信应该根据表面的价值来判断它们。本书的分析已经表明，为何很难在实践中获得这些价值。但是还有希望的是，我们完全有可能拥有自己的蛋糕，并可以很好地享受这块蛋糕！

延伸阅读

第一章

尽管本书在准备写作时，间接使用了斯堪的纳维亚语出版的书籍、访谈材料和其他文本，但我一般没有在文中用脚注标明，因为大部分读者几乎不可能接触到这些文献。然而，我需要在此提及一些给予我灵感的重要文献来源。奥斯陆大学法学教授乔恩·宾（Jon Bing）是一名科幻小说作家，对挪威30年来的信息时代做了最富想象力的点评。在很大程度上，他点燃了最初我对计算机的兴趣。富有想法的历史学家埃里克森（Trond Berg Eriksen）和人类学家、媒体研究者约翰逊（Anders Johansen），以不同的方式启迪我对时间的思考。丹麦著名科学杂志记者托尔（Tor Nørretranders），通过对信息（information）和隐含信息（exformation）的创新性比较，提出了非常重要的见解。瑞典大学物理学教授波迪（Bodil Jönsson）在1999年出版了一本小册子《与时间有关的10个想法》，还有丹麦社会理论家施密特（Lars-Henrik Schmidt），他们对重要问题的主要观点以非常不同的方式与我汇聚在一起。

第二章

托夫勒（Alvin Toffler）的《未来的冲击》（*Future Shock*）和《第三次浪潮》（*The Third Wave*），对信息扮演日益增多的经济角色进行了阐述——前者讨论当前的处境，后者探讨不久的将来，它们分别在多伦多的贝腾出版社（Bantam，1970年）和纽约威廉莫罗出版社（William Morrow，1980年）出版。1988年，亚当斯出版《蒂克詹特里的侦探事务所》；1994年，霍布斯鲍姆（Hobsbawm）在牛津大学出版社出版了他的著作《短暂的20世纪：1914—

1991年》。鲍德里亚在《海湾战争从未发生》(The Gulf War Never Took Place)一书中进行了评述。上线人数的统计资料来源于 www.nua.ie。在本书出版时，在线人数无疑再次更新。在博尔赫斯（Jorge Luis Borges）、奥坎波（Silvina Ocampo）和卡萨雷斯（A. Bioy Casares）主编的《想象之书》(The Book of Fantasy)中，刊载了布林思维德（Bringsværd）的短篇故事《收集1973年9月1日的人》。在挪威，他的著作由奥斯陆居伦达尔出版公司（Gyldendal）以挪威文出版。2000年春季，挪威国家图书馆推出一场名为"19世纪的速度"的展出，有关马林（Malling）的WritingBall和尼采与书写技术的关系详情被编入了这次展览会的目录。与各种信息技术有关的全球性增长，在联合国教科文组织的年度统计报告中有详细的记录。在 www.unesco.org. 网站上有与这个主题相关的最新信息。引用马克思的话语来自《哲学的不幸》(The Misery of Philosophy, 法文标题为 La Misère de la philosophie)，这本书是他唯一使用法文写作的著作，他在书中反对法国无政府主义者蒲鲁东（Proudhon）及其著作《不幸的哲学》(The Philosophy of Misery)。曼德森（Edward Mendelson）在其著作《计算机如何破坏散文》中，对苹果机用户和个人计算机用户进行了比较，并引用了1990年特拉华州出版的《大学计算机》发布的研究成果。

第三章

本章的参考资料多达百卷。其中，对于文化史的概述往往存在争议。是否可以按照主要的分水岭或分界线给人类历史分出各个阶段，目前还有很大的争论。尽管如此，我个人还是从古迪（Jack Goody）对国家与教养的研究中受益匪浅，其中最容易理解的是《原始思维的教化》和《犁、剑与书：人类历史的结构》。1994年劳特利奇公司重印了麦克卢汉的《理解媒体》，这是一部非常出众且充满亮点的作品，讨论了书写及其他感官的延伸。在爪哇的人类学家是指卑尔根大学的奥拉夫（Olaf Smedal）。1997年，柏格森的博士学位论文《时间与自由意志》（法文标题为 Sur les données immédiates de la conscience）以英文出版。1907年齐美尔的《货币哲学》（法文标题为 Philosophie des Geldes）首次出版，目前仍是有关金钱的交际意义的最佳研究。

我的同事拉尔森（Henrik Sinding-Larsen）首先提请我注意乐谱的重要性。各个领域的学者公认为，印刷机是近两千年以来最重要的发明，具体可以参见网站 www.edge.com 或者布洛克曼（John Brockman）的著作《过去两千年最伟大的发明》。对伊丽莎白时代以来受教育人数的估计，引自斯科菲尔德（R. S. Schofield）的文章《英国工业革命以前读写能力的测算》。

第四章

波勒曾的案例，引自泰登（Tylden）1995年发行的一张名为《有时候正确》的激光唱片。正受热议的歌剧红伶温彻（Wenche Foss），在挪威最著名的人中可能可以排在第5位。公元530年的大瘟疫，可以参见戴维·基斯的《现代世界起源的调查》。实际上，维利里奥所有的著作都是速度研究的典范。尤其，他在2000年出版的《信息炸弹》，更是谈论目前问题不可缺少的著作。对滕尼斯、齐美尔和其他社会学家的一般性介绍，到处都能找得到。一般的教材有吉登斯编著的《社会学》。本章引用了苏格兰记者的事例，源于1999年12月《经济学家》对千禧年问题的讨论。格莱克（James Gleick）的著作《更快：一切都在加速》，是可口可乐公司标语的来源地。吉普林的文集《美国札记》在1891年首次出版。维利里奥在几个地方谈到摄影、电影和时间，可以参见他的《维摩视觉》。政治学者讲述有关尔兰德（Erlander）的故事，出自2000年4月的瑞典期刊《摩登时代》。1999年拉姆内特（Ramonet）的著作在巴黎出版，书中第60—61页讲述了新闻记者可信度的损失，第184页谈到了信息的增长率。关注政治演讲加速度的政治科学家是乌尔夫·托格森。2000年10月21日出版的《新政治家》谈到了现在携带电话的特点以及未来的其他电子通信。

第五章

马尔萨斯的《人口论》有很多版本，在他一生中就修订过6次。我用的是1993年牛津大学出版社的版本。施瓦茨（Schwartz）的事例出自格莱克的《更快：一切都在加速》第188页，而本章摩天大楼的例子来自该书第 24 页。恩格斯在他未完成的著作中介绍了自然辩证法,他逝世多年后,这本书以《自然辩证法》的名字出版。拉帕波特(Roy Rappaport)的著作《献给祖先的猪》,使得策姆巴加人(Tsembaga)声名远播。贝特森(Bateson)在《心智与自然:一个必要的整体》中讲述了多倍体马的故事。出版物和纸张消耗的数据资料,来源于联合国教科文组织 1999 年的年度统计报告。亚马逊公司网站可以提供该公司的年度报告,具体可以查询的网址是 www.amazon.com。洲际电话线路增长的资料数据,出自赫尔德等人编著的《全球变迁》一书第 343 页,该书第 170 页也透露了横跨大西洋电话线的成本。全球电信消耗的总时长资料,源自拉姆内特的著作《专横的通信》第 176-177 页。挪威手机用户统计数字,来自挪威最大的国家电信公司——挪威电信(Telenor)。国际航空业的发展数据,采自国际航空运输协会的网站 www.iata.com。地中海旅游观光的数据资料,出自奥瓦(Orvar Löfgren)的著作《在度假:假期的历史》第 251 页。

第六章

博尔赫斯(Borges)有关巴比伦图书馆的寓言,刊载在 1971 年出版的小说集中。麦克卢汉在 1962 年出版了《古腾堡星系》,但他最有名的著作是《理解媒体》。在别人无法理解的那些乐观主义者中,我们应该加上一些重要的媒体批判家,包括克洛克、鲍德里亚和维利里奥。本章引用的事例,来自马丁的《聆听未来:1968—1978 年的前卫摇滚时代》第 290 和 292 页。

第七章

本章的问题首推理论家鲍德里亚的作品《最后的幻想》(*The Illusion of the End*),吉登斯的《社会的构成》(*The Constitution of Society*)和《现代性的结果》(*The Consequences of Modernity*)。《英国卫报》(*Guardian*)关于工作与压力的报道,引自 2000 年 10 月 26 日至 11 月 1 日的《卫报周刊》。有关神经药物的文章是伦道夫(Randolph Nesse)写的《氟西汀热销?》

(可以参见网址 www.edge.org/3rd_culture/story/100.html.)。有关灵活性问题，贝特森写了大量的文章，其中大部分收集在《生态学的步伐》之中。拉斯奇的著作《自恋的文化》初版于1978年，在20世纪80年代受到广泛阅读和讨论。关于美国汽车文化快与慢的资料，来源于格莱克的著作《更快：一切都在加速》第124页。

第八章

1973年，恩德用德文出版了他的著作《卯卯》，1974年以标题《灰色的绅士》出版了英文版，1984年标题重新变为《卯卯》。吉登斯的《失控的世界》（实际上是6篇电台演讲稿）于1999年在伦敦出版，对他乐观的"第三条道路"的思想，布迪厄和华康德（Loïc Wacquant）进行了异乎寻常的抨击。哈贝马斯的《公共空间的结构转变》于1989年被翻译成英文，并于1992年出版平装本。科克伦及其两个孩子的事例，引自《千禧年的迷幻摇滚》(*Little Book of the Millennium*, London: Headline1999)。本章还引用了列维-斯特劳斯的《结构主义人类学》。

参考文献

Anthony Giddens. 1997. *Sociology*. Cambridge: Polity. 1989a.

Anthony Giddens. 1984. The *Constitution of Society*. Cambridge: Polity.

Anthony Giddens. 1990. The *Consequences of Modernity*. Cambridge: Polity.

Bateson. 1979. *Mindand Nature: ANecessary Unity*. London: Wildwood. pp. 66–67.

Bateson. 1972. *Stepstoan Ecology of Mind*. New York: Bantam.

Baudrillard. 1995. *The Gulf War Never Took Place*. London: Power Books.

Bauman. 1995. *Life in Fragments*. New York: Blackwell.

Benedict Anderson. 1991. *Imagined Communities*. London: Verso. 2ndedition.

Bill Martin. *Listening to the Future: The Time of Progressive Rock1968–1978*. Chicago: Feedback1997.

Borges. 1970. *Labyrinths*. London: Penguin.

Bourdieu. 1998. *On Television,* London: Pluto.

Bringsværd. 1990. *The Man Who Collectedthe First of September1973*. London: Black Swan

Castells Manuel. 1997. *End of Millennium: The In fo rmation Age: Economy, Society, and Culture Volume III*. Oxford: Blackwell. pp. 336.

Castells. 1996. *The Rise of the Network Society*. Oxford: Blackwell. pp. 463.

DanielBell. 1978. *The Cultural Contradictions of Capitalism*. NewYork: BasicBooks

David Held et al. ,1999. *Global Transformations: Politics, Economics and Culture*. Cambridge: Polity.

DavidKeys. 2000. *Catastrophe: An Investigation into the Origins of the Modern World*. London: Arrow.

Douglas Adams. 1988. *Dirk Gently's Holistic Detective Agency*. Pan.

Edward Mendelson. 1990. How computers can destroy prose. *New York Review of Books*.

Engels. 1940. ed. *The Dialectics of Nature*, New York: International Publishers.

Eno. 1996. *A Year With Swollen Appendices*. London: Faber.

Ernest Gellner. 1988. *Plough, Sword and Book: The Structure of Human History*. London: Collins.

Galtung. 2000. *Johan with no land*. Oslo: Aschehoug.

Georg Simmel1978. *Philosophy of Money*. London: Routledge.

Georg Simmel. 1989. *Philosophie des Geldes*. Frankfurt: Suhrkamp.

Giddens. 1999. *A Runaway World*. London: Profile.

Habermas. 1992. *The Structural Transformation of the Public Sphere*. Polity1989a.

Hamsun. 1969. *The Cultural Life of Modern America*. Mass.: Harvard University Press.

Henri Bergson. 1997. , *Timeand Free Will*, Kessinger.

Hobs bawm. 1994. *Age of Extremes: The Short Twentieth Century 1914–1991*. Oxford University Press.

Jack Goody. 1977. *The Domestication of the Savage Mind*. Cambridge: Cambridge University Press.

James Gleick. 1999. *Faster: The Acceleration of Just About Everything*. New York: Pantheon. pp. 50.

Jean Baudrillard. 1994. *The Illusion of the End*. Cambridge: Polity.

John Brockman,ed. 2000. *The Greatest Inventions of the Past 2000 Years*. New York: Simon & Schuster.

Jostein Gripsrud. 1995. *The Dynasty Years: Hollywood Television and Critical Media Studies*. London: Routledge.

Kundera. 1996. *Slowness*. London: Faber.

Lasch. 1978. *The Culture of Narcissism: American Lifeinan Age of*

Diminishing Expectations. Washington: Norton.

Lévi–Strauss. 1969. Les structures élémentaires de la parenté. Paris: PUF 1949a

Linder. 1970. *The Harried Leisure Class.* New York: Columbia University Press.

Manuel Castells. 1996. *The Rise of the Network Society.* Oxford: Blackwell.

Marshall Mc Luhan. 1962. *The Gutenberg Galaxy.* Toronto: Toronto University Press.

Marshall McLuhan. 1994. *Understanding Media.* London: Routledge. 1964a.

Orvar Löfgren. 1999. *On Holiday: A History of Vacationing.* Berkeley: University of California Press. pp. 251.

Paul Virilio. 2000. *From Modernismto Hypermodernism and Beyond.* in John Armitage. ed. London: SAGE.

R. S. Schofield. 1968. The Measurement of Literacyin Pre–Industrial England. in Jack Goody,ed. *Literacy in Traditional Societies.* Cambridge: Cambridge University Press.

Ramonet. 1999. *La tyranniede la communication.* Paris: Galilée

Roy Rappaport. 1967. *Pigs for the Ancestors.* New Haven: Yale University Press.

Sennett. 1998. *The Corrosion of Character: The Personal Consequences of Workinthe New Capitalism.* New York: Norton.

Ulrich Beck. 2000. *The Brave New World of Work.* Cambridge: Polity Press

Virilio Paul2000. *The Information Bomb.* Verso.

Virilio Paul. 1994. *The Vision Machine.* Bloomington: Indiana University Press. 1988a.

Virilio Paul. 1996. *Cybermonde: La politique du pire.* Paris: Textuel.

译后记

初次接触挪威社会人类学家托马斯·H·埃里克森的著作，是在刚到中山大学攻读人类学博士学位的那年。当时，在图书馆浩如烟海的书库中查阅族群研究方面的资料，碰巧找到一本书籍，名为《族群性与民族主义：人类学透视》（王亚文译，敦煌文艺出版社，2002），随便翻读了几页，感觉作者独到的理论分析手法很有创意。于是，我从图书馆借来此书的英文原版，对照中译本仔细地阅读了一遍。按照英文版提供的作者联系方式，我给作者本人写了一封邮件，就书中探讨的族群问题提出了我个人的看法。得益于互联网的高效便捷性，第三天埃里克森便回复邮件，对我从中国民族形成和各民族互动的案例阐述的观点甚表赞同。其后，我们一直有学术上的交流与探讨。2008年年底，我在广州"学而优"书店"淘书"，看到他的另一本著作《小地方，大论题：社会文化人类学导论》（董薇译，商务印书馆，2008）。从这本书的精美装帧看，这位高产的人类学家已经引起了国内学术界的兴趣。

于是，我请埃里克森将他最满意的作品推荐给国内出版社。很快，他就把这本书的英文版发给了我，并顺便给了我一份与本书有关的宣传海报。海报显示，2001年，这本书首次用挪威文出版，书名为 *Øyeblikkets tyranni: Rask og langsom tid i informasjonsalderen*，之后陆续被翻译成了英文（Pluto Press）①、捷克文（Doplnek）、丹麦文（TiderneSkifter）、荷兰文（Agora）、芬兰文（Johnny Kniga）、法文（Ed. Homnispheres）、德文（Verlag Herder）、希腊文（Savalas Publishers）、匈牙利文（L'Harmattan Kft）、意大利文（Elèuthera）、韩文（Mulpure Publishing）、拉丁文（Sia Apgads Norden）、立陶宛文（Tyto Alba）、波兰文（Pånstwowy Instytut Wydawniczy）、俄文（Ves Mir）、塞尔维亚文（Biblioteka XX Vek）、瑞典文（Nya Doxa）、土耳其文（Tavanarasi）和乌克兰文（Calvaria Publish-ers）。目前，这本

---

① 括号内为出版社的名称，下同。

薄薄的小册子已经翻译成了 20 个国家的文字，可见其影响力之广泛。

在前两遍阅读本书英文版的过程中，我经常会对作者的看法提出异议，甚至有立刻和埃里克森讨论的冲动。但是，随着深入的阅读和透彻的理解，我越发感觉作者对当今世界发展的确有着独到的见解。

进入 21 世纪以来，人类社会正在经历前所未有的变革。唐代诗人李白曾慨叹"两岸猿声啼不住，轻舟已过万重山"。在李白看来，"千里江陵一日还"实现了"朝发夕至"的梦想，是人类航运技术的伟大进步。然而，他若有机会看到当代日新月异的科学技术，可能就更要恨自己生不逢时了。别的不提，单就交通运输技术而言，轮船、火车、飞机、地铁、高速公路、动车组和高速铁路，琳琅满目令人目不暇接，地球已经布满了密密麻麻的交通干道。

毫无疑问，科学技术是一柄双刃剑。随着科技的突飞猛进，人类似乎在征服自然和改造自然上，攻克了一个又一个难题。然而，2011 年日本"3·11"大地震引发海啸造成福岛核泄漏，给全球带来的核恐慌阴霾至今仍未完全散去。

人类发明蒸汽机和内燃机，消耗大量的能源，使地球上有限的资源日趋告急。大量的生产活动和工业废弃物使自然环境遭到严重破坏，自然灾害出现的频率逐年增加，给人类造成的损失和人员伤亡的记录也不断刷新。

人类发明农药，消灭了老鼠和虫害，却从此吃不到洁净的食物。这不仅破坏了生态平衡，也为自身的健康埋下了祸根。工农业生产带来的污染使人类的免疫系统愈发脆弱，各种疑难杂症蜂拥而至。生物克隆技术的突破为基因治疗某些疾病带来希望，也带来伦理道德的恐惧和困惑。医疗技术的整体进步，延长了人类的寿命，提高了生存质量，但也加大了资源和社会财富的消耗，使人类不堪重负。

有这么一个故事，足以说明人类天然的欲望。神对一猴子说："可怜的猴子，你在猴王争霸中被打败，我要将你点化成人。"猴子很感激。神问："成人后你第一件事想干什么？"猴子说："拿一杆枪打死现在的猴王，夺回王位，所有母猴都归我。"思维定势决定了人的悲哀。历史也许会以进两步、退一步的方式螺旋式前进，某代人可能会在那倒退的一步中度过倒霉的一生，但我相信在所有的专制者中，时间是最专制的那一个。很多时候，人类一不小心误会了自己，把自己想象得太过聪明，或者不够聪明，而时间总是不徐不疾地将误会澄清。

在应用网络办公以后，处理文件的速度是快多了，可是反而觉得需要写的材料越来越多，人越来越累，网络办公不仅没有把人解放，反而把人拴住了。

因为在计算机前久坐，多少人年纪轻轻就患上颈椎病和骨质增生之类的现代病。

科技带给人类方便与快捷的同时，也会剥夺人们对时间的支配权。马车时代意味着社会关系限制在宗族和街坊四邻里。铁路、电报和报纸是打破这类关系的先声；有了高速路和电话，我们开始发展超越街坊四邻的关系；有了QQ和手机微博等沟通工具，我们不再与最好的朋友频繁联系；有了移动互联网，虚拟人际关系逐步成为最有价值的社会关系。

如果要点评20世纪技术发展带来的后果，相关材料恐怕是多到数不清。但是，本书作者埃里克森并没有面面俱到，分析信息与技术给人类带来的利弊；相反，埃里克森采用独具匠心的视角，只关注信息如何进入并控制人们的日常生活。循着这根线索，再来读这部貌似谈论时间的著作，就会看到作者一贯坚持的社会文化人类学方法——从细微处见精神，把人们日常生活中熟视无睹的游戏规则作为阐述的对象，分析人类缘何会被时间压得喘不过气来。读完本书，我想每一位读者或许都会给出自己的看法，这也是译者坚持将此书翻译成中文的初衷。在本书即将出版之际，译者首先要感谢挪威奥斯陆大学埃里克森教授的耐心与热情。每当我们遇到理解障碍，总会通过电子邮件向他咨询，有些问题甚至需要反复几次邮件联系才能解释清楚，但愿这不会让他有"被加速"的感觉！

感谢后浪出版咨询（北京）有限公司马春华老师对本书的肯定，若没有慧眼的伯乐，再好的千里马恐怕也得埋没在乡野之间。在本书版权引进和审校的过程中，马春华老师付出了辛勤的汗水，借此机会向她表示诚挚的感谢！

感谢本书的第二译者广东嘉应学院的何小荣老师，她为本书的顺利翻译做了很多的工作。尽管我们非常努力认真，但理解难免出现偏差，恳请读者在阅读过程中不吝指教，我们本着学习的态度定会虚心接受！

本书虽然篇幅精简，但由于作者视野开阔，材料信手拈来，也能驾轻就熟。若没有一篇思路清晰的序言对阅读进行指导，读者必定感觉不得要领。感谢广东省普通高校人文社会科学省市共建重点研究基地嘉应学院客家研究院房学嘉教授的大力支持！他在繁忙的事务中挤出时间写作推荐序，为读者指引了阅读的方向。最后，我要感谢嘉应学院客家研究院的诸位同事在工作上给我的宽容和体谅！

周云水

2013年初春于梅州周溪书院

出版后记

若要描述我们生活的这个时代，也许用狄更斯《双城记》的开头叙述最恰当不过：这是最好的时代，这是最坏的时代，这是智慧的时代，这是愚蠢的时代。人类社会的第三次革命——信息革命，带我们进入了光怪陆离的信息时代。日新月异的科技，不仅建构了这个时代四通八达的交通网络和高速发展的信息网络，更建构起了这个时代的核心运作原则——快速与加速。

在这个充斥着"高效运作"、"时间管理"、"快者生存"等加速概念的时代。本书一反潮流，指出这种加速发展引发的生存困境和生活模式畸变。计算机革命和信息大爆炸带来了焦躁不安与转瞬即逝的生活模式，提倡肤浅的"快餐"文化，这对基本的价值观极其有害。慢速时间作为当下的一种稀缺资源，支持复杂的思维方式和严密的逻辑推理，维护审慎的思考和有深度的钻研工作，同时为高质量产品和创造力提供存在的可能。

作者托兰德·H·埃里克森在本书的最后，埃里克森教授也没有盲目走向回归古老的极端，而是颇具勇气地提出了一整套折中解决方案，呼吁个人、企业组织乃至整个社会一同合作，在活跃的、过载的、加速发展的时间与平和的、累积的、有机发展的慢速时间之间寻求一种平衡，共同维护一个足够宽容、兼收并蓄的空间。

在此，我们衷心感谢本书作者埃里克森教授为中国读者撰写的序言，嘉应学院客家研究院研究员周云水博士和嘉应学院的何小荣老师为本书所做的辛勤的翻译工作，以及嘉应学院客家研究院的房学嘉教授为本书开篇撰写的推荐序。

服务热线：133-6631-2326　139-1140-1220
读者服务：reader@hinabook.com

后浪出版咨询（北京）有限责任公司
2013 年 5 月

图书在版编目（CIP）数据

时间，快与慢/（挪）埃里克森著；周云水，何小荣译.
— 北京：北京联合出版公司，2013.5
ISBN 978-7-5502-1516-0

Ⅰ.①时… Ⅱ.①埃… ②周… ③何… Ⅲ.①工作—效率—通俗读物
②生活方式—通俗读物 Ⅳ.① C935-49 ② C913.3-49

中国版本图书馆 CIP 数据核字（2013）第 089711 号

©2001, H. Aschehoug & Co, Norway

时间，快与慢

著　者：（挪威）托马斯·H·埃里克森
译　者：周云水　何小荣
选题策划：后浪出版咨询（北京）有限责任公司
出版统筹：吴兴元
特约编辑：周　格
责任编辑：刘　凯
封面设计：红杉林文化
版面设计：闫献龙
营销推广：ONEBOOK
装帧制造：墨白空间

北京联合出版公司出版
（北京市西城区德外大街 83 号楼 9 层　100088）
北京正合鼎业印刷技术有限公司印刷　新华书店经销
字数 184 千字　690×960 毫米　1/16　12 印张　插页 4
2013 年 8 月第 1 版　2013 年 8 月第 1 次印刷
ISBN 978-7-5502-1516-0
定价：29.80 元

后浪出版咨询（北京）有限公司常年法律顾问：北京大成律师事务所　周天晖 copyright@hinabook.com
未经许可，不得以任何方式复制或抄袭本书部分或全部内容
版权所有，侵权必究
本书若有质量问题，请与本公司图书销售中心联系调换。电话：010-64010019